الانتصار لحقوق المؤمنات

Les droits des croyantes

Umm Salamah Bint cAlî Al-cAbbâsî

Préfacé par shaykh

Muqbil ibn Hâdî Al-Wâdicî

Traduction : Dr. Nabil Aliouane
Relecture : Bureau de traduction des éditions Tawbah

3e édition

Editions Tawbah

Email : salafs@gmail.com

ISBN : 978-2-916457-12-3
Dépôt légal : 04-2007

Nota bene : Nous portons à l'attention du lecteur que nous avons dû tronquer quelques passages pour nous conformer à la législation française, et ce d'un commun accord avec l'auteur. Ces troncatures sont indiquées dans le texte. Nous avons également procédé, parfois, à des reformulations.

بِسْمِ ٱللَّهِ ٱلرَّحْمَٰنِ ٱلرَّحِيمِ

Préface de shaykh Muqbil

La louange est à Allah, Seigneur de l'univers, le Tout Miséricordieux, le Très Miséricordieux, et que les éloges et le salut d'Allah soient sur notre Prophète Mu<u>h</u>ammad, ainsi que sur sa famille et ses compagnons. Je témoigne qu'il n'y a de divinité digne d'être adorée qu'Allah, Unique et sans associé, et que Mu<u>h</u>ammad est Son serviteur et messager. Ceci dit :

J'ai pris connaissance de ce qu'a écrit Umm Salamah bint ᶜAlî Al-ᶜAbbâsî « *Faire triompher les droits des croyantes* », et j'ai trouvé que c'était une recherche profitable, ne contenant que des versets du Livre d'Allah et des hadiths du Messager d'Allah (ﷺ), or c'est là la science bénéfique. Et celui qui ne prend pas ces deux sources comme base ne pourra jamais être guidé comme Allah (ﷻ) le dit :

فَبِأَيِّ حَدِيثٍۭ بَعْدَ ٱللَّهِ وَءَايَـٰتِهِۦ يُؤْمِنُونَ

« ***À quelle parole croiront-ils après (la Parole) d'Allah et Ses signes.*** »[1]

L'auteur, qu'Allah la préserve, a fourni un effort louable pour rechercher les droits des croyantes, car nombreux sont ceux qui les ont négligés et s'en sont même complètement détournés. Elle a ainsi rappelé aux pères, aux proches, aux maris les devoirs qu'Allah leur a imposés ou auxquels Il les exhorte. Allah (ﷻ) dit :

يَـٰٓأَيُّهَا ٱلَّذِينَ ءَامَنُوا۟ قُوٓا۟ أَنفُسَكُمْ وَأَهْلِيكُمْ نَارًا وَقُودُهَا ٱلنَّاسُ وَٱلْحِجَارَةُ

« ***Ô vous les croyants ! Préservez vos personnes et vos familles, d'un Feu dont le combustible sera les hommes et les pierres.*** »[2]

---

[1] *Al-Jâthiyah*, v.6.
[2] *At-Ta<u>h</u>rîm*, v.6.

Dans les deux S̲ah̲îh̲, d'après Micqal ibn Yasâr, le Prophète (ﷺ) a dit : « *La personne à qui Allah confie une responsabilité, puis ne s'en charge pas de manière consciencieuse, ne sentira pas l'odeur du Paradis.* » Et aussi le hadith d'Ibn cUmar (رضي الله عنه) : « *Vous êtes tous des bergers et vous êtes tous responsables de vos troupeaux.* »

J'espère qu'Allah fera que les gens, hommes et femmes, tireront profit de ce livre car combien est grand notre besoin de gérer nos problèmes familiaux et conjugaux par la Loi d'Allah. Or ce livre expose beaucoup des solutions à nos problèmes familiaux, alors qu'Allah (سبحانه وتعالى) dit :

وَمَا ٱخۡتَلَفۡتُمۡ فِيهِ مِن شَيۡءٖ فَحُكۡمُهُۥٓ إِلَى ٱللَّهِۚ

« ***Et si vous divergez en quoi que ce soit, son jugement appartient à Allah*** »[1]

فَإِن تَنَٰزَعۡتُمۡ فِي شَيۡءٖ فَرُدُّوهُ إِلَى ٱللَّهِ وَٱلرَّسُولِ إِن كُنتُمۡ تُؤۡمِنُونَ بِٱللَّهِ وَٱلۡيَوۡمِ ٱلۡأٓخِرِۚ

« ***Puis, si vous divergez en quoi que ce soit, renvoyez (le jugement) à Allah et au Messager, si vous croyez en Allah et au Jour dernier.*** »[2]

Quant à l'auteur, elle réunit de nombreuses et nobles qualités : l'ascétisme dans ce monde, le bon comportement, l'attention dans l'apprentissage de la science bénéfique, la préservation du temps, au point qu'on la trouve souvent seule dans la bibliothèque des femmes. C'est elle aussi qui remplace l'enseignante Umm cAbd Allah Al-Wâdiciyyah lorsqu'elle s'absente ou tombe malade, et c'est également une prédicatrice influente.

---

1 *As-Shûrâ*, v.10.
2 *An-Nisâ'*, v.59.

La société musulmane a un grand besoin de femmes pieuses qui se soucient de leurs sœurs musulmanes, afin qu'elles ne soient pas entraînées par les prêcheurs qui appellent à la débauche et la corruption. D'ailleurs, les femmes du Prophète (ﷺ), ainsi que les femmes parmi les compagnons ont joué un grand rôle dans la transmission des hadiths.

Pour finir, nous conseillons à l'auteur et ses sœurs de multiplier leurs efforts afin d'apprendre la science bénéfique du Coran, de la Sunna, de la langue arabe et de la compréhension de la religion d'Allah, puis de s'appliquer à transmettre cette science par l'écriture, l'appel [à la religion d']Allah et l'éducation des ignorantes, car si une seule femme est guidée par votre cause, cela sera meilleur pour vous que les plus grandes richesses de ce monde.

Abû ᶜAbd Ar-Raḫmân Muqbil Ibn Hâdî Al-Wâdiᶜî

Introduction de l'auteur

La louange est à Allah, nous Le louons, implorons Son aide et Son pardon. C'est auprès d'Allah que nous cherchons protection contre les maux de nos âmes et les méfaits de nos actions. Celui qu'Allah guide, nul ne peut l'égarer et celui qu'Allah égare, nul ne peut le guider. J'atteste qu'il n'y a de divinité digne d'être adorée qu'Allah, Unique, sans associé et que Muhammad est Son serviteur et messager.

يَٰٓأَيُّهَا ٱلَّذِينَ ءَامَنُوا۟ ٱتَّقُوا۟ ٱللَّهَ حَقَّ تُقَاتِهِۦ وَلَا تَمُوتُنَّ إِلَّا وَأَنتُم مُّسْلِمُونَ ﴿١٠٢﴾

« Ô vous les croyants ! Craignez Allah comme Il doit être craint. Et ne mourez qu'en pleine soumission. »[1]

يَٰٓأَيُّهَا ٱلنَّاسُ ٱتَّقُوا۟ رَبَّكُمُ ٱلَّذِى خَلَقَكُم مِّن نَّفْسٍ وَٰحِدَةٍ وَخَلَقَ مِنْهَا زَوْجَهَا وَبَثَّ مِنْهُمَا رِجَالًا كَثِيرًا
وَنِسَآءً ۚ وَٱتَّقُوا۟ ٱللَّهَ ٱلَّذِى تَسَآءَلُونَ بِهِۦ وَٱلْأَرْحَامَ ۚ إِنَّ ٱللَّهَ كَانَ عَلَيْكُمْ رَقِيبًا

« Ô hommes ! Craignez votre Seigneur qui vous a créés d'un seul être, et a créé de celui-ci son épouse, et qui a répandu (sur terre) beaucoup d'hommes et de femmes (de leur descendance), et [craignez de rompre] les liens du sang. Certes Allah vous observe parfaitement. »[2]

يَٰٓأَيُّهَا ٱلَّذِينَ ءَامَنُوا۟ ٱتَّقُوا۟ ٱللَّهَ وَقُولُوا۟ قَوْلًا سَدِيدًا ﴿٧٠﴾ يُصْلِحْ لَكُمْ أَعْمَٰلَكُمْ وَيَغْفِرْ لَكُمْ
ذُنُوبَكُمْ ۗ وَمَن يُطِعِ ٱللَّهَ وَرَسُولَهُۥ فَقَدْ فَازَ فَوْزًا عَظِيمًا ﴿٧١﴾

« Ô vous les croyants ! Craignez Allah et parlez avec droiture. Afin qu'Il améliore vos actions et vous pardonne vos péchés. Quiconque obéit à Allah et à Son messager obtient certes une grande réussite. »[3]

---

1 *Âl-cImrân*, v. 102.
2 *An-Nisâ'*, v. 1.
3 *Al-Ahzâb*, v. 70-71.

Certes, la plus véridique des paroles est le Livre d'Allah, et la meilleure voie est celle de Mu<u>h</u>ammad. Et les pires choses [dans la religion] sont celles inventées, toute chose inventée est une innovation, toute innovation est un égarement et tout égarement mène en enfer. Ceci dit :

J'ai réuni en ces quelques feuilles des preuves du Coran et de la Sunna concernant les droits de la femme que beaucoup de gens ont négligés par ignorance ou par manque de considération à l'égard de la femme.

Et si nous nous permettons de revendiquer nos droits auprès des hommes, il n'en reste pas moins que ces droits doivent être confinés dans les limites de la Législation. Nous ne demandons pas une « liberté totale »[1], alors qu'Allah (ﷻ) dit :

ٱلرِّجَالُ قَوَّٰمُونَ عَلَى ٱلنِّسَآءِ بِمَا فَضَّلَ ٱللَّهُ بَعْضَهُمْ عَلَىٰ بَعْضٍ وَبِمَآ أَنفَقُوا۟ مِنْ أَمْوَٰلِهِمْ

« ***Les hommes ont autorité sur les femmes, en raison des faveurs qu'Allah leur accorde, et aussi à cause des dépenses qu'ils font de leurs biens.*** »[2]

وَقُل لِّلْمُؤْمِنَٰتِ يَغْضُضْنَ مِنْ أَبْصَٰرِهِنَّ وَيَحْفَظْنَ فُرُوجَهُنَّ وَلَا يُبْدِينَ زِينَتَهُنَّ إِلَّا مَا ظَهَرَ مِنْهَا ۖ وَلْيَضْرِبْنَ بِخُمُرِهِنَّ عَلَىٰ جُيُوبِهِنَّ ۖ وَلَا يُبْدِينَ زِينَتَهُنَّ إِلَّا لِبُعُولَتِهِنَّ أَوْ ءَابَآئِهِنَّ أَوْ ءَابَآءِ بُعُولَتِهِنَّ أَوْ أَبْنَآئِهِنَّ أَوْ أَبْنَآءِ بُعُولَتِهِنَّ أَوْ إِخْوَٰنِهِنَّ أَوْ بَنِىٓ إِخْوَٰنِهِنَّ أَوْ بَنِىٓ أَخَوَٰتِهِنَّ أَوْ نِسَآئِهِنَّ أَوْ مَا مَلَكَتْ أَيْمَٰنُهُنَّ أَوِ ٱلتَّٰبِعِينَ غَيْرِ أُو۟لِى

[1] Cette « liberté totale » n'existe en islam ni pour l'homme, ni pour la femme, qui sont tous deux soumis à la Législation et aux limites fixées par leur Seigneur. [NdT]

[2] *An-Nisâ'*, v.34.

ٱلْإِرْبَةِ مِنَ ٱلرِّجَالِ أَوِ ٱلطِّفْلِ ٱلَّذِينَ لَمْ يَظْهَرُوا۟ عَلَىٰ عَوْرَٰتِ ٱلنِّسَآءِ ۖ وَلَا يَضْرِبْنَ بِأَرْجُلِهِنَّ
لِيُعْلَمَ مَا يُخْفِينَ مِن زِينَتِهِنَّ ۚ وَتُوبُوٓا۟ إِلَى ٱللَّهِ جَمِيعًا أَيُّهَ ٱلْمُؤْمِنُونَ لَعَلَّكُمْ تُفْلِحُونَ

« Et dis aux croyantes de baisser leurs regards, de préserver leur chasteté, et de ne montrer de leurs atours que ce qui en paraît et qu'elles rabattent leur voile sur leurs poitrines ; et qu'elles ne montrent leurs atours qu'à leurs maris, à leurs pères, aux pères de leurs maris, à leurs fils, aux fils de leurs maris, à leurs frères, aux fils de leurs frères, aux fils de leurs soeurs, aux femmes musulmanes, aux esclaves qu'elles possèdent, aux hommes impuissants qui vous suivent, ou aux garçons impubères qui ignorent tout des parties cachées des femmes. Et qu'elles ne frappent pas avec leurs pieds de façon que l'on sache ce qu'elles cachent de leurs parures. Et repentez-vous tous devant Allah, ô vous les croyants, afin que vous récoltiez le succès. »[1]

يَٰٓأَيُّهَا ٱلنَّبِىُّ قُل لِّأَزْوَٰجِكَ وَبَنَاتِكَ وَنِسَآءِ ٱلْمُؤْمِنِينَ يُدْنِينَ عَلَيْهِنَّ مِن جَلَٰبِيبِهِنَّ ۚ ذَٰلِكَ أَدْنَىٰٓ أَن
يُعْرَفْنَ فَلَا يُؤْذَيْنَ ۗ وَكَانَ ٱللَّهُ غَفُورًا رَّحِيمًا ﴿٥٩﴾

« Ô Prophète ! Dis à tes épouses, à tes filles, et aux femmes des croyants, de ramener sur elles leurs grands voiles. Elles en seront plus vite reconnues et éviteront d'être offensées. Allah est Pardonneur et Miséricordieux. »[2]

وَقَرْنَ فِى بُيُوتِكُنَّ وَلَا تَبَرَّجْنَ تَبَرُّجَ ٱلْجَٰهِلِيَّةِ ٱلْأُولَىٰ ۖ وَأَقِمْنَ ٱلصَّلَوٰةَ وَءَاتِينَ
ٱلزَّكَوٰةَ وَأَطِعْنَ ٱللَّهَ وَرَسُولَهُۥٓ

« Restez dans vos foyers; et ne vous exhibez pas à la manière des femmes avant l'Islam (Jâhiliyyah). Accomplissez la prière, acquittez la Zakât et obéissez à Allah et à Son messager. »[3]

---

[1] Sourate *An-Nûr*, v.31.
[2] Sourate *Al-Ahzâb*, v.59.
[3] Sourate *Al-Ahzâb*, v.33.

Et le Prophète (ﷺ) a dit, comme il est rapporté par Abû Mûsâ (ﷺ) : « *Si la femme se parfume et passe devant un groupe de personnes pour qu'ils sentent son parfum, elle est ainsi [fornicatrice].* »[1]

Les limites de la Législation ne sont pas une injustice envers la femme et elles n'ont pas été établies pour la rabaisser. Loin de là ! Mais si nous y réfléchissions bien, nous verrions qu'elles protègent la femme de la meilleure manière, contrairement à ceux qui appellent à la « liberté totale », comme ils prétendent.

Est-ce en se dévoilant et en s'offrant aux démons parmi les hommes et aux pervers, qu'elle s'affranchit ? Est-ce en sortant travailler laborieusement et en se mêlant aux hommes, tout en laissant son foyer et ses enfants à l'abandon ? Est-ce en participant au parlement, au gouvernement, en faisant la police et la circulation ?

Par Allah, c'est là l'humiliation même et une oppression de la femme ! Allah est plus Savant et plus Sage [que Ses créatures], Il est plus Miséricordieux envers la femme qu'elle ne peut l'être envers elle-même, et Il a indiqué ce qui la préservait et l'honorait dans ce monde et dans l'autre. Il nous faut simplement mettre en pratique le Coran et la Sunna qui suffisent à bâtir une société heureuse, fondée sur l'entraide, la miséricorde, la tendresse, l'amour et l'union. Et l'aide est auprès d'Allah (ﷻ).

Je demande à Allah (ﷻ) qu'Il fasse que mon travail Lui soit dédié en toute sincérité et qu'Il en fasse profiter l'islam et les musulmans, Il en est certes le Garant et est Capable de le réaliser.

Umm Salamah Bint cAlî Al-cAbbâsî

---

[1] Abû Dâwûd.

Introduction

Shaykh Muhammad ibn Sâlih Al-ᶜUthaymîn (رحمه الله) a dit : « La rectification de la société se fait de deux manières :

La première : La rectification apparente : celle qui se fait dans les marchés, les mosquées et ailleurs, dans les lieux exposés. A ce sujet, le rôle principal est joué par les hommes, car ils sont sur le devant de la scène.

La deuxième : La rectification de la société *intra muros* : celle qui se fait dans les maisons et pour laquelle la tâche principale revient aux femmes, car la femme est maîtresse de sa maison, comme Allah (سبحانه وتعالى) l'a montré en s'adressant aux femmes :

وَقَرْنَ فِي بُيُوتِكُنَّ وَلَا تَبَرَّجْنَ تَبَرُّجَ الْجَاهِلِيَّةِ الْأُولَىٰ وَأَقِمْنَ الصَّلَوٰةَ وَءَاتِينَ
الزَّكَوٰةَ وَأَطِعْنَ اللَّهَ وَرَسُولَهُۥٓ إِنَّمَا يُرِيدُ اللَّهُ لِيُذْهِبَ عَنكُمُ الرِّجْسَ أَهْلَ
الْبَيْتِ وَيُطَهِّرَكُمْ تَطْهِيرًا ﴿٣٣﴾

« ***Restez dans vos foyers; et ne vous exhibez pas à la manière des femmes avant l'Islam (Jâhiliyyah). Accomplissez la prière, acquittez la Zakât et obéissez à Allah et à Son messager. Allah ne veut que vous débarrasser de toute souillure, ô gens de la maison [du prophète], et vous purifier pleinement.*** »[1]

Après cela, nous ne pensons pas nous tromper en disant que la rectification de la moitié de la société ou de sa plus grande partie dépend de la femme. Et ceci pour deux raisons :

La première : Les femmes sont aussi nombreuses que les hommes, voire plus encore. Je veux dire que les plus nombreux

---

[1] Sourate ***Al-Ahzâb***, v.33.

parmi les enfants d'Adam (ﷺ) sont les femmes, comme le montre la Sunna, mais cela dépend du lieu et de l'époque. Les femmes peuvent être plus nombreuses dans un pays, et moins nombreuses dans un autre. Elles peuvent être plus nombreuses à une époque et moins nombreuses à une autre. Quoi qu'il en soit, la femme a un rôle important à jouer dans la rectification de la société.

La deuxième : Les générations successives grandissent en premier lieu dans le giron des femmes, ce qui nous montre l'importance du rôle de la femme dans la rectification de la société (fin de citation). »[1] Allah (ﷻ) dit :

وَٱلْمُؤْمِنُونَ وَٱلْمُؤْمِنَٰتُ بَعْضُهُمْ أَوْلِيَآءُ بَعْضٍۚ يَأْمُرُونَ بِٱلْمَعْرُوفِ وَيَنْهَوْنَ عَنِ ٱلْمُنكَرِ وَيُقِيمُونَ ٱلصَّلَوٰةَ وَيُؤْتُونَ ٱلزَّكَوٰةَ وَيُطِيعُونَ ٱللَّهَ وَرَسُولَهُۥٓۚ أُوْلَٰٓئِكَ سَيَرْحَمُهُمُ ٱللَّهُۗ إِنَّ ٱللَّهَ عَزِيزٌ حَكِيمٌ ﴿٧١﴾

« ***Les croyants et les croyantes sont alliés les uns des autres. Ils ordonnent le bien, interdisent le blâmable, accomplissent la prière, acquittent la Zakât et obéissent à Allah et à Son messager. Voilà ceux auxquels Allah fera miséricorde, car Allah est Puissant et Sage.*** »[2]

Al-Hâfidh Ibn Kathîr a dit : « C'est-à-dire qu'ils s'aident et coopèrent. »

Afin que la femme puisse remplir son devoir au sein de la société, il lui faut une aide et un soutien qui est l'homme. Et c'est ce que nous a montré le Seigneur Tout Puissant (ﷻ) dans Son Livre et dans la Sunna de Son Messager (ﷺ), en exposant certains droits de la femme sur l'homme, parmi lesquels :

---

[1] *Le rôle de la femme dans la rectification de la société*, de shaykh Ibn ᶜUthaymîn.
[2] *At-Tawbah*, v.71.

Les droits de la fille sur son père

Désirer un enfant est un des objectifs les plus importants du mariage, car en cela réside la pérennité de l'espèce humaine, et le Prophète (ﷺ) y a encouragé ses compagnons en disant : « *Epousez la femme affectueuse et féconde…* » Certains pères pensent que la responsabilité de l'éducation de l'enfant ne pèse que sur la mère, et qu'on ne lui demande que de subvenir aux besoins matériels de ses enfants et de son épouse. On peut les voir ainsi passer la majeure partie de leur temps en dehors du foyer, au travail, à la mosquée, à la bibliothèque ou avec leurs amis. Et ils ne rentrent que pour manger ou se reposer, sans même interroger sur l'état de leur famille, leur santé ou s'enquérir de leur comportement, ne s'asseyant avec leurs enfants que pour les grandes occasions.

Le comportement des parents peut avoir de mauvaises conséquences sur les enfants, ceci en raison de leur ignorance et de leur éloignement du Livre de leur Seigneur et de la Sunna de leur Prophète (ﷺ). Et le Messager d'Allah (ﷺ) a dit : « *Vous êtes tous des bergers et vous êtes responsables de vos troupeaux. Le gouverneur est un berger et est responsable de son troupeau. L'homme est un berger dans sa famille et est responsable de son troupeau. La femme est une bergère dans la maison de son mari et est responsable de son troupeau. Le servant est un berger qui a pour charge les biens de son maître et il est responsable de son troupeau. Ainsi chacun d'entre vous est berger et est responsable de son troupeau.* »[1] Il dit aussi : « *La personne à qui Allah confie une responsabilité, puis ne s'en charge pas de manière consciencieuse, ne sentira pas l'odeur du Paradis.* »

---

[1] Al-Bukhârî et Muslim.

Que les pères craignent Allah concernant leurs fils et filles dont Allah (ﷻ) leur a confié la charge. Allah a accordé aux garçons et filles des droits qui sont, soit généraux soit spécifiques à l'un des deux, et si Allah le veut, nous en citerons ce qu'Allah nous permettra. Et c'est Allah qui accorde le succès.

Ne pas être mécontent lorsqu'on annonce la naissance d'une fille

Il n'y a aucune honte à ce que le père d'une fille loue Allah (ﷻ) en raison de la descendance qu'Il lui a accordée, que ce soit une fille ou un garçon. Allah (ﷻ) dit :

لِّلَّهِ مُلْكُ ٱلسَّمَٰوَٰتِ وَٱلْأَرْضِ ۚ يَخْلُقُ مَا يَشَآءُ ۚ يَهَبُ لِمَن يَشَآءُ إِنَٰثًا وَيَهَبُ لِمَن
يَشَآءُ ٱلذُّكُورَ ﴿٤٩﴾ أَوْ يُزَوِّجُهُمْ ذُكْرَانًا وَإِنَٰثًا ۖ وَيَجْعَلُ مَن يَشَآءُ عَقِيمًا ۚ إِنَّهُۥ عَلِيمٌ قَدِيرٌ

« ***À Allah appartient la royauté des cieux et de la terre. Il crée ce qu'Il veut. Il fait don de filles à qui Il veut, et don de garçons à qui Il veut, ou bien Il donne à la fois garçons et filles; et Il rend stérile qui Il veut. Il est certes Omniscient et Omnipotent.*** »[1]

L'imam Ibn Qayyim Al-Jawziyyah (رحمه الله) a dit : « Allah a divisé les couples en quatre catégories comprenant l'ensemble des êtres vivants. Il a montré que ce qu'Il leur avait prédestiné est un don qu'Il leur fait, et être mécontent du don qu'Allah fait au serviteur est un caractère suffisamment détestable.

(Dans ce verset) Allah (ﷻ) a commencé par citer les filles, et certains ont expliqué cela comme étant une consolation pour elles en raison du poids qu'elles représentaient pour leurs parents. D'autres ont dit — et cela est plus juste — : Allah les a citées en premier car Il dit auparavant qu'Il fait ce qu'Il veut et non ce que les parents veulent, car la plupart du temps, les

---

[1] *As-Shûrâ*, v.49-50.

parents ne veulent que des garçons. Allah (سبحانه وتعالى) nous informe qu'Il crée ce qu'Il veut et Il a commencé par citer ce qu'Il veut Lui et non ce que veulent les parents. Quant à moi, j'ai une autre explication qui est qu'Allah (سبحانه وتعالى) a cité en premier les filles que les gens de l'époque préislamique (*Jâhiliyyah*) refoulaient, au point de les enterrer vivantes. Le sens serait donc : Je cite en premier celles que vous refouliez.

Médite sur la manière dont Allah a cité les filles sans article défini (en arabe, إناثا) et les garçons avec un article défini (الذكور). Ainsi, Il a contrebalancé la faiblesse des filles en les citant en premier, et a corrigé le fait d'avoir mentionné les garçons en dernière position par le déterminant (les). En effet, déterminer un terme, c'est le mettre en valeur. C'est comme s'Il avait dit [au sujet des garçons] : Il fait don à qui Il veut des [futurs] cavaliers mâles qui n'ont pas besoin d'être présentés [tant on désire en avoir]. Ensuite, après avoir cité les deux groupes ensemble, Il a cité les garçons en premier (dans le deuxième verset) afin de donner à chacun son droit en termes de positionnement dans la phrase, et Allah est plus à même de savoir ce qu'Il a voulu dire.

Ce qu'il faut retenir est que le mécontentement à l'annonce de la naissance d'une fille est un comportement propre à l'époque préislamique qu'Allah (سبحانه وتعالى) a blâmé lorsqu'Il dit :

وَإِذَا بُشِّرَ أَحَدُهُم بِالْأُنثَىٰ ظَلَّ وَجْهُهُ مُسْوَدًّا وَهُوَ كَظِيمٌ ﴿٥٨﴾ يَتَوَارَىٰ مِنَ الْقَوْمِ مِن
سُوءِ مَا بُشِّرَ بِهِ ۚ أَيُمْسِكُهُ عَلَىٰ هُونٍ أَمْ يَدُسُّهُ فِي التُّرَابِ ۗ أَلَا سَاءَ مَا يَحْكُمُونَ

« ***Et lorsqu'on annonce à l'un d'eux une fille, son visage s'assombrit et une rage profonde l'envahit. Il se cache des gens, à cause du malheur qu'on lui a annoncé. Doit-il la garder malgré***

la honte ou l'enfouira-t-il dans la terre ? Combien est mauvais leur jugement ! »[1] (Fin de citation).[2]

Il a aussi blâmé le fait qu'ils Lui attribuent ce qu'eux-mêmes détestent[3], lorsqu'Il dit :

وَإِذَا بُشِّرَ أَحَدُهُم بِمَا ضَرَبَ لِلرَّحْمَٰنِ مَثَلًا ظَلَّ وَجْهُهُۥ مُسْوَدًّا وَهُوَ كَظِيمٌ

« ***Lorsqu'on annonce à l'un d'eux (la naissance) de ce qu'il attribue au Tout Miséricordieux, son visage s'assombrit et une rage profonde l'envahit.*** »[4]

أَلَكُمُ ٱلذَّكَرُ وَلَهُ ٱلْأُنثَىٰ ﴿٢١﴾ تِلْكَ إِذًا قِسْمَةٌ ضِيزَىٰٓ ﴿٢٢﴾

« ***Aurez-vous les garçons et Lui les filles ? Quel partage injuste !*** »[5]

إِنَّ ٱلَّذِينَ لَا يُؤْمِنُونَ بِٱلْءَاخِرَةِ لَيُسَمُّونَ ٱلْمَلَٰٓئِكَةَ تَسْمِيَةَ ٱلْأُنثَىٰ ﴿٢٧﴾

« ***Ceux qui ne croient pas en l'au-delà donnent aux Anges des noms de femmes.*** »[6]

Enterrer les filles vivantes est un grand péché

C'est une des conséquences du fait de détester avoir une fille, et c'est ce qui a conduit les gens de l'époque antéislamique à les enterrer vivantes, sans aucune miséricorde ou compassion. Allah (ﷻ) dit :

وَإِذَا ٱلْمَوْءُۥدَةُ سُئِلَتْ ﴿٨﴾ بِأَيِّ ذَنۢبٍ قُتِلَتْ ﴿٩﴾

---

1 *An-Nahl*, v.58-59.
2 *Tuhfat Al-Mawdûd bi Ahkâm Al-Mawlûd* (p.29)
3 Les polythéistes de l'époque préislamique prétendaient que les anges étaient les filles d'Allah [NdT]
4 *Az-Zukhruf*, v.17.
5 *An-Najm*, v.21-22.
6 *An-Najm*, v.27.

« ***Lorsque l'on demandera à la fillette enterrée vivante (Al-Maw-ûdah) pour quel péché elle a été tuée.*** »[1]

Ibn Kathîr (ﷺ) a dit : « *Al-Maw-ûdah* est la fillette que les gens de l'époque préislamique enterraient vivante car ils détestaient avoir une fille. Au Jour de la Résurrection on demandera à cette fillette pour quel péché elle a été tuée, en guise de menace adressée à qui l'a tuée, car lorsqu'on interroge l'opprimé cela se retourne contre l'injuste. »

Al-Mughîrah ibn Shucbah (ﷺ) rapporte que le Prophète (ﷺ) a dit : « *Allah vous a interdit de rompre les liens avec vos mères, d'être avides et avares, et d'enterrer les filles vivantes. Il déteste le fait de vous livrer aux on-dit, de poser trop de questions et de dilapider vos biens.* »[2]

L'imam An-Nawawî dit dans l'explication de *Sahîh Muslim* : « Enterrer les filles vivantes fait partie des péchés capitaux, car c'est un meurtre injuste et c'est aussi une rupture des liens de parenté. Le Prophète (ﷺ) n'a cité que l'enterrement des filles car c'est essentiellement ce que faisaient les gens de l'époque préislamique. »[3] Allah (ﷻ) dit :

وَلَا تَقْتُلُوٓا۟ أَوْلَٰدَكُمْ خَشْيَةَ إِمْلَٰقٍ نَّحْنُ نَرْزُقُهُمْ وَإِيَّاكُمْ إِنَّ قَتْلَهُمْ كَانَ خِطْـًٔا كَبِيرًا

« ***Et ne tuez pas vos enfants par crainte de la pauvreté, c'est Nous qui attribuons leur subsistance ainsi qu'à vous. Les tuer est vraiment un immense péché.*** »[4]

cAbd Allah ibn Mascûd (ﷺ) rapporte : « J'ai demandé au Prophète (ﷺ) : « Quel est le plus grand péché auprès d'Allah ? » Il dit : « *C'est donner un associé à Allah, alors que c'est Lui qui t'a créé.* » Je dis : « C'est là un grand péché. Et après cela ? » Il dit :

---

1 *At-Takwîr*, v.8-9.
2 Al-Bukhârî et Muslim.
3 *Sharh Muslim* (4/308).
4 *Al-Isrâ*, v.31.

« *C'est tuer ton enfant par crainte de devoir partager ton pain avec lui.* » Je dis : « Et ensuite ? » Il dit : « *C'est forniquer avec la femme de ton voisin.* »[1]

Le mérite d'élever des filles

C'est une grâce qu'Allah (ﷻ) a accordée aux parents ainsi qu'aux gens, mais la plupart d'entre eux ne remercient pas pour cela. Celui qui s'attache à élever cette pauvre fille et à répondre à ses besoins, Allah (ﷻ) ne dissipera pas son effort.

Anas (رضي الله عنه) rapporte que le Messager d'Allah (ﷺ) a dit : « *Celui qui élève deux filles jusqu'à la puberté, sera aussi proche de moi au Jour de la résurrection que le sont ces deux-là.* » et il joignit deux de ses doigts.[2]

ᶜÂ'ishah (رضي الله عنها) rapporte : « Une femme et ses deux filles sont venues mendier chez moi, et je n'avais qu'une datte à leur donner. Je lui ai donc donnée cette datte qu'elle a partagée entre ses deux filles sans en manger, puis elle s'est levée et s'en est allée. Le Prophète (ﷺ) est alors entré et je l'ai informé de cet événement. Il dit : « *Celui qui est éprouvé par des filles et qui est bienfaisant envers elles, elles seront pour lui une protection contre l'Enfer.* »[3]

L'imam An-Nawawî (رحمه الله) dit dans l'explication de Sa<u>h</u>î<u>h</u> *Muslim* : « Le Prophète (ﷺ) a dit « *éprouvé* » car les gens réprouvent généralement avoir des filles, Allah (ﷻ) dit :

وَإِذَا بُشِّرَ أَحَدُهُم بِمَا ضَرَبَ لِلرَّحْمَٰنِ مَثَلًا ظَلَّ وَجْهُهُۥ مُسْوَدًّا وَهُوَ كَظِيمٌ

---

[1] Al-Bukhârî et Muslim.

[2] Muslim.

[3] Al-Bukhârî et Muslim.

« ***Lorsqu'on annonce à l'un d'eux (la naissance) de ce qu'il attribue au Tout Miséricordieux, son visage s'assombrit et une rage profonde l'envahit.*** »[1]

Ces hadiths montrent le mérite de la bonté exercée envers les filles, de pourvoir à leurs besoins, et de patienter face à tout ce qui peut leur arriver. »

ᶜUqbah ibn ᶜÂmir (ﷺ) rapporte qu'il a entendu le Prophète (ﷺ) dire : « *Celui qui a trois filles, fait preuve de patience à leur égard et subvient à leurs besoins vestimentaires, sera protégé par leur biais contre l'Enfer.* »[2] Allah (ﷻ) dit en parlant du droit des femmes :

فَإِن كَرِهْتُمُوهُنَّ فَعَسَىٰٓ أَن تَكْرَهُوا۟ شَيْـًٔا وَيَجْعَلَ ٱللَّهُ فِيهِ خَيْرًا كَثِيرًا

« ***Si vous avez de l'aversion envers elles, il se peut que vous ayez de l'aversion pour une chose dans laquelle Allah met un grand bien.*** »[3]

De même pour les filles, l'homme peut y trouver un grand bien dans ce monde et dans l'au-delà. Et détester ce qu'Allah (ﷻ) a agréé pour lui et lui a accordé suffit pour prouver le caractère abominable du fait de détester les filles.

(À la naissance) frotter le palais avec du suc de dattes et donner un nom

Abû Mûsâ (ﷺ) dit : « J'ai eu un enfant et l'ai apporté au Prophète (ﷺ). Il l'a nommé Ibrâhîm et lui a frotté le palais avec une datte. »[4] Dans la version d'Al-Bukhârî, il a ajouté : « Il a

---

1 *Az-Zukhruf*, v.17.

2 Al-Bukhâri dans *Al-Adab Al-Mufrad*, le hadith est sahîh.

3 Sourate ***An-Nisâ'***, v.19.

4 Al-Bukhârî et Muslim.

demandé la bénédiction d'Allah pour lui, puis me l'a rendu. » C'était l'aîné des enfants d'Abû Mûsâ.

Anas (ﷺ) rapporte : « Le fils d'Abû Talhah était malade et il mourut alors qu'Abû Talhah était de sortie. Lorsqu'il revint, il demanda : « Comment va l'enfant ? » Umm Sulaym (ﷺ) répondit : « Il est plus calme que jamais. » Elle lui apporta son dîner, et après avoir mangé ils eurent un rapport intime. Lorsqu'ils eurent fini, elle dit : « L'enfant [est décédé] et doit être enterré. » Au matin, Abû Talhah se rendit chez le Prophète (ﷺ) et l'informa des événements, il dit : « *Avez-vous eu un rapport cette nuit ?* » Il répondit : « Oui. » Il dit : « *Ô Allah, bénit ce rapport.* » Et effectivement, un enfant naquit et Abû Talhah me dit : « Apporte-le au Prophète (ﷺ). » Celui-ci dit : « *Avez-vous apporté quelque chose avec lui ?* » Ils répondirent : « Oui, des dattes. » Le Prophète (ﷺ) les prit, les mâcha puis il en sorti un peu de sa bouche et en frotta le palais de l'enfant, et il le nomma ᶜAbd Allah. »[1]

Donner un prénom à l'enfant

Quant au fait de prénommer l'enfant, c'est un droit qu'il a sur ses parents, et il n'y a aucune divergence pour dire que le père est plus en droit de choisir un prénom. Et de la même manière que le titre d'un livre reflète son contenu, le nom de l'enfant reflètera sa personnalité, sa croyance et même la croyance de celui qui a choisi ce nom pour lui, mais aussi sa perspicacité et la conception qu'il a des choses. Il y a d'ailleurs un adage bien connu : « Il y a dans le nom de chacun une part de sa personnalité. » Ibn Al-Qayyim (ﷺ) a dit : « La plupart des gens infâmes ont un nom qui leur correspond, et la plupart des gens nobles ont un nom qui leur correspond. »

---

[1] Al-Bukhârî et Muslim.

Fais donc preuve de bonté – ô musulman – envers ton enfant, toi-même et ta communauté, en choisissant le meilleur nom qui soit, tant dans le fond que dans la forme.

Le beau nom porte plusieurs sens, il indique à quel point ce père musulman est fidèle à la voie du Messager d'Allah (ﷺ), à quel point son raisonnement est sain et indifférent à tout ce qui pourrait l'éloigner du chemin de la sagesse, de la droiture et de la bonté envers son enfant à qui il aura choisi ce beau nom. Bref, le nom est le symbole indiquant l'identité de celui qui a choisi ce nom, et c'est aussi un critère précis prouvant son degré de culture. Et l'expression populaire dit : « Par ton nom, je connais ton père. »[1]

Regardons quels étaient les prénoms des filles du Messager d'Allah (ﷺ) : Fâtimah, Ruqyah, Zaynab et Umm Kulthûm. Il est authentifié dans le *Sahîh Muslim* d'après Ibn ᶜUmar (ﷺ) que le Prophète (ﷺ) a changé le prénom de ᶜÂsiyah [désobéissante] en disant : « *[Désormais tu te nommes] Jamîlah [jolie].* » Ibn ᶜAbbâs (ﷺ) rapporte que le nom de Juwayriyah était Barrah, le Messager d'Allah (ﷺ) changea alors son nom en Juwayriyah, et il détestait que l'on dise : il est sorti de chez Barrah. »[2] Abû Hurayrah (ﷺ) rapporte que le nom de Zaynab était Barrah (la pure), les gens dirent : elle témoigne de sa propre piété. Le Prophète (ﷺ) la nomma alors Zaynab.[3] Al-Mughîrah ibn Shuᶜbah (ﷺ) rapporte : « Lorsque je me suis rendu à Najrân, les gens m'ont interrogé en me disant : vous récitez « ***Ô sœur de Hârûn*** » alors que Mûsâ est venu avant ᶜÎsâ. Lorsque je suis revenu chez le Prophète (ﷺ) je l'ai interrogé à ce sujet et il m'a dit : « *Ils étaient nommés en fonction de leurs prophètes et des pieux avant eux.* »[4]

---

1 Voir « Comment prénommer son enfant » de shaykh Bakr Abû Zayd.

2 Muslim.

3 Al-Bukhârî.

4 Muslim.

Réfléchis donc : donneras-tu à ta descendance des noms de pieux ou des noms de pervers corrupteurs ?

La recommandation du sacrifice à l'occasion d'une naissance

Ibn Al-Qayyim (ﷺ) a dit : « Yûsuf ibn Mâhik rapporte qu'ils sont entrés chez Hafsah bint ᶜAbd Ar-Rahmân (ﷺ) et qu'ils l'ont interrogée au sujet de la *ᶜaqîqah* (le susdit sacrifice). Elle leur dit que ᶜÂ'ishah (ﷺ) l'avait informée que le Prophète (ﷺ) ordonnait de sacrifier deux agneaux semblables pour la naissance d'un garçon et un seul agneau pour la naissance d'une fille. [1] Les savants du hadith, les jurisconsultes et la majorité des savants ont affirmé que cela faisait partie de la Sunna du Messager d'Allah (ﷺ). »[2]

ᶜAbd Allah ibn ᶜAmr (ﷺ) rapporte qu'on a interrogé le Prophète (ﷺ) à propos de la *ᶜaqîqah*, et il dit : « *Allah n'aime pas la rupture (ᶜuqûq)* », comme s'il n'avait pas apprécié le mot *ᶜaqîqah*. Il dit : « Ô Messager d'Allah, nous t'interrogeons sur ce que doit faire celui d'entre nous qui a un enfant. » Il dit : « *Que celui qui veut sacrifier une bête pour son enfant le fasse : deux agneaux semblables pour un garçon et un seul agneau pour une fille.* »[3]

Al-Hasan ibn Samurah (ﷺ) rapporte que le Messager d'Allah (ﷺ) a dit : « *L'enfant est lié au sacrifice que l'on fait pour lui le septième jour pendant lequel on le nomme et on lui rase la tête.* »[4] [...]

---

[1] At-Tirmidhî, le hadith est *sahîh*.
[2] *Tuhfat Al-Mawlûd*, p.28.
[3] An-Nasâ'î, le hadith est *hasan*.
[4] At-Tirmidhî (4/101), le hadith est *sahîh*.

Le sens de « *lié (Murtahin) au sacrifice* » est qu'il ne pourra intercéder pour ses parents [tant que le sacrifice n'est pas accompli], et linguistiquement *Rahn* désigne le gage. Allah (ﷻ) dit :

كُلُّ نَفْسٍ بِمَا كَسَبَتْ رَهِينَةٌ ﴿٣٨﴾

« ***Toute âme est otage (Rahînah) de ce qu'elle a accompli*** »[1].

Le sens du hadith est que l'enfant est un otage en soi, et qu'il est privé d'un bien qui pourtant devrait lui revenir, ce qui ne veut pas dire qu'il sera châtié pour cela dans l'au-delà, même si on l'a empêché d'atteindre ce bien, du fait du délaissement du sacrifice par ses parents. L'enfant peut manquer un bien par la négligence de ses parents, même si ce n'est pas de son fait, de la même façon que si son père prononce le nom d'Allah lors du rapport sexuel, le Diable ne causera aucun tort à son enfant, et s'il délaisse la prononciation du nom d'Allah, l'enfant ne bénéficiera pas de cette protection.[2]

L'imam An-Nawawî a dit : « La *ᶜaqîqah* est une Sunna qui consiste à sacrifier une ou deux bêtes à l'occasion d'une naissance comme l'a rapporté Buraydah (ﷺ) : le Prophète (ﷺ) a sacrifié des bêtes à la naissance d'Al-Hasan et Al-Husayn (ﷺ). Mais cela n'est pas obligatoire comme le rapporte Abû Saᶜîd d'après son père : le Prophète (ﷺ) a été interrogé sur la *ᶜaqîqah* et il a répondu : « *Je n'aime pas la rupture (ᶜuqûq). Celui qui a un enfant et qui veut sacrifier une bête pour lui, qu'il le fasse.* » Il a donc lié cela au désir (de le faire ou non) ce qui montre que ce n'est pas obligatoire. De plus, c'est un sacrifice qui ne dépend d'aucune

---

1 *Al-Muddaththir*, v.38.

2 Ceci est le sens de la parole de l'imam Ahmad rapportée dans *Zâd Al-Maᶜâd* (2/325).

compensation pour un crime ou un vœu pieux, c'est donc un sacrifice comme les autres. »[1]

L'obligation de pourvoir aux besoins des filles

L'imam Al-Bukhârî a intitulé un chapitre de son S̲ah̲îh̲ : « L'obligation de pourvoir aux besoins de la famille et des enfants ». [Et il a rapporté] le hadith d'Abû Hurayrah (ﷺ) qui dit : le Prophète (ﷺ) a dit : « *La meilleure des aumônes est la richesse (que tu laisses à ta famille). La main qui donne est meilleure que la main qui reçoit. Commence par ceux qui sont à ta charge.* »

L'épouse dit : prends-moi en charge ou divorce de moi. L'esclave dit : prends-moi en charge et je suis à ton service, l'enfant dit : prends-moi en charge, sinon à qui me laisseras-tu ? Les gens dirent : « Ô Abû Hurayrah, tu as entendu cela du Messager d'Allah (ﷺ) ? » Il dit : « Non, cela vient d'Abû Hurayrah. »

Le mérite de cette prise en charge

Bien qu'elle soit obligatoire, elle reste une des meilleures aumônes pour celui qui en espère la récompense auprès d'Allah.

Abû Mascûd Al-Ans̲ârî (ﷺ) rapporte que le Prophète (ﷺ) a dit : « *Si le musulman dépense pour sa famille en espérant la récompense d'Allah, cela sera une aumône pour lui.* »[2]

cÂmir ibn Sacd rapporte d'après son père : « Le Prophète (ﷺ) me visitait alors que j'étais malade à la Mecque, et je lui ait dit : « J'ai des biens, dois-je tout donner en aumône dans mon testament ? » Il dit : « *Non.* » Je dis : « La moitié alors ? » Il dit : « *Non.* » Je dis : « Le tiers ? » Il dit : « *Va pour le tiers, mais c'est déjà*

---

[1] *Al-Majmûc* (8/406).
[2] Al-Bukhârî.

beaucoup. Laisser tes héritiers riches est meilleur que de les laisser pauvres, mendiant auprès des gens. Quoi que tu dépenses [pour ta famille] c'est une aumône, jusqu'à la bouchée que tu mets dans la bouche de ton épouse. Peut-être qu'Allah prolongera ta vie assez longtemps pour que certaines personnes [les musulmans] profitent [de tes hauts faits], et que d'autres [les mécréants] en pâtissent. »[1]

Thawbân (ﷺ) rapporte que le Messager d'Allah (ﷺ) a dit : « *Le meilleur dinar que l'homme puisse dépenser est celui par lequel il pourvoit aux besoins de sa famille, celui par lequel il entretient sa monture sur le sentier d'Allah, et celui par lequel il dépense pour ses compagnons sur le sentier d'Allah.* »

Abû Qilâbah a dit : « Le prophète (ﷺ) a donc commencé par la famille. » Il dit ensuite : « Quel homme mérite meilleure récompense que celui qui dépense [de ses biens] pour ses enfants en bas-âge afin de les préserver, pour qu'Allah leur permette de tirer profit de leur père et de les enrichir par sa cause ? »[2]

Abû Hurayrah (ﷺ) rapporte que le Messager d'Allah (ﷺ) a dit : « *Entre le dinar que tu dépenses sur le sentier d'Allah, pour affranchir un esclave, que tu donnes à un pauvre ou que tu dépenses pour ta famille, celui qui a la plus grande récompense est celui que tu dépenses pour ta famille.* »[3]

Khaythamah (ﷺ) rapporte : « Nous étions assis avec ᶜAbd Allah ibn ᶜAmr (ﷺ) lorsque son comptable entra. Il lui dit : « As-tu donné leur dû aux servants ? » Il dit : « Non. » Il dit : « Retourne-y et donne-leur car le Messager d'Allah (ﷺ) a dit : « *Il suffit comme péché à l'homme de ne pas nourrir ceux qui sont à sa charge.* »[4]

---

[1] Al-Bukhârî et Muslim.
[2] Muslim.
[3] Muslim.
[4] Muslim.

Remarque : Malgré tout, il convient de faire preuve de modération à ce sujet, comme Allah (ﷻ) dit :

وَءَاتِ ذَا ٱلْقُرْبَىٰ حَقَّهُۥ وَٱلْمِسْكِينَ وَٱبْنَ ٱلسَّبِيلِ وَلَا تُبَذِّرْ تَبْذِيرًا ﴿٢٦﴾ إِنَّ ٱلْمُبَذِّرِينَ

كَانُوٓا۟ إِخْوَٰنَ ٱلشَّيَٰطِينِ ۖ وَكَانَ ٱلشَّيْطَٰنُ لِرَبِّهِۦ كَفُورًا ﴿٢٧﴾

« ***Et donne au proche parent ce qui lui est dû ainsi qu'au pauvre et au voyageur dans le besoin. Et ne gaspille pas indûment, car les gaspilleurs sont les frères des diables ; et le diable est très ingrat envers son Seigneur.*** »[1]

Ainsi, le père doit être avisé concernant ce qu'il donne à ses enfants en fonction de leurs besoins. Il ne doit pas exagérer de sorte qu'ils s'enflent d'orgueil face à leurs amis et frères, fassent montre de suffisance en semant la corruption sur terre. Il ne doit pas non plus les priver au point qu'ils se sentent humiliés en compagnie de leurs amis, enviant ce qu'ils possèdent. Il doit prendre en considération le comportement de son enfant avant de décider de la somme à lui donner. Ainsi, l'enfant qui dépense sur le sentier d'Allah en donnant aux pauvres et aux indigents se verra remettre une somme plus importante [que ses autres frères] et c'est Allah qui accorde le succès.

La recommandation d'embrasser et de jouer avec ses filles

ᶜÂ'ishah (رضي الله عنها) rapporte qu'un groupe de bédouins est venu voir le Prophète (ﷺ) et lui ont dit : « Embrassez-vous vos enfants ? » Il dit : « *Oui.* » Ils répondirent : « Par Allah, nous n'embrassons pas nos enfants. » Il dit : « *Que puis-je pour vous si Allah a retiré la miséricorde de vos cœurs ?* »[2]

[1] Sourate ***Al-Isrâ'***, v.26-27.

[2] Al-Bukhârî et Muslim.

Abû Hurayrah (رضي الله عنه) rapporte que le Prophète (ﷺ) était en train d'embrasser Al-Hasan ibn cAlî, alors qu'Al-Aqrac ibn Hâbis At-Tamîmî était assis avec lui. Al-Aqrac dit : « J'ai dix enfants et je n'en ai jamais embrassé aucun. » Le Prophète (ﷺ) le regarda et dit : « *On ne fait pas miséricorde à celui qui ne fait pas miséricorde.* »[1]

Anas ibn Mâlik (رضي الله عنه) rapporte : « Nous sommes entrés avec le Prophète (ﷺ) chez Abû Sayf Al-Qayyin – qui était l'époux de la mère de lait d'Ibrâhîm - alors qu'Ibrâhîm (عليه السلام) venait de mourir. Le Messager d'Allah (ﷺ) prit alors Ibrâhîm, l'embrassa et le huma. »[2]

Al-Barâ' (رضي الله عنه) rapporte : « Je suis entré avec Abû Bakr (رضي الله عنه) chez lui alors que sa fille cÂ'ishah (رضي الله عنها) était allongée en raison de la fièvre. J'ai vu son père l'embrasser sur les joues et dire : « Comment vas-tu ma petite fille ? »[3]

cÂ'ishah (رضي الله عنها) a dit : « Je n'ai vu personne plus proche de l'apparence et de l'attitude[4] du Messager d'Allah (ﷺ) que Fâtimah (رضي الله عنها), qu'Allah anoblisse son visage. Lorsqu'elle entrait chez lui, il se levait pour aller à sa rencontre, la prenait par la main, l'embrassait et la faisait asseoir avec lui. Et lorsqu'il entrait chez elle, elle se levait pour aller à sa rencontre, le prenait par la main, l'embrassait et l'asseyait avec elle. »[5]

Handhalah Al-Asdî (رضي الله عنه) rapporte : « Nous étions auprès du Messager d'Allah (ﷺ) qui nous a sermonnés et rappelé [le Paradis et l'Enfer]. Je suis ensuite rentré chez moi, j'ai plaisanté avec mes enfants et joué avec mon épouse. Puis je suis sorti et j'ai rencontré

---

1 Al-Bukhârî et Muslim.
2 Al-Bukhârî.
3 Al-Bukhârî.
4 Dans sa version du hadith, Al-Hasan a mentionné, en lieu et place de l'apparence et de l'attitude, les propos et la façon de parler
5 Abû Dâwûd, hadith *hasan*.

Abû Bakr auquel j'ai raconté cela et il me dit : « J'ai fait la même chose que toi. » Puis nous avons rencontré le Messager d'Allah (ﷺ) et je lui dis : Ô Messager d'Allah ! Handhalah est un hypocrite ! Il me dit : « *Arrête !* » et je lui rapportai ce qui s'était passé. Abû Bakr dit : « Il m'est arrivé la même chose. » Le Prophète (ﷺ) dit : « *Ô Handhalah ! Il y a un temps pour chaque chose. Si vos cœurs étaient constamment dans l'état dans lequel ils sont lors du rappel [de l'au-delà], les anges vous serrerez la main et vous saluerez dans la rue.* »[1]

Abû Qatâdah (رضي الله عنه) rapporte : « Le Prophète (ﷺ) est venu nous voir alors qu'il tenait Umâmah bint Abî Al-ᶜÂs sur son épaule, et il pria ainsi. Lorsqu'il s'inclinait, il la posait et lorsqu'il se relevait il la reprenait. »[2]

Usâmah ibn Zayd (رضي الله عنه) rapporte : « Le Prophète (ﷺ) me faisait asseoir sur une de ses cuisses, et faisait asseoir Al-Hasan (رضي الله عنه) sur l'autre, puis il nous serrait et disait : « *Ô Allah ! Soit miséricordieux envers eux car je le suis pour eux.* »[3]

Umm Khâlid bint Khâlid (رضي الله عنها) rapporte : « On a offert au Prophète (ﷺ) un habit sur lequel il y avait de petites rayures noires, il dit : « *A qui pensez-vous que nous devrions le donner ?* » Les gens restèrent silencieux, et il dit : « *Amenez-moi Umm Khâlid.* » On la fit venir, il prit alors le vêtement et le lui offrit en lui disant : « *Use-le et qu'Allah t'en accorde un autre.* » Il y avait dessus des petits motifs verts ou jaunes, il dit : « *Ô Umm Khâlid ! C'est un beau vêtement.* »[4]

---

[1] Muslim.
[2] Al-Bukhârî.
[3] Al-Bukhârî.
[4] Al-Bukhârî.

Remarque : Il convient de jouer et d'embrasser sa fille d'une manière qui sied à son âge, et il ne faut pas se laisser aller comme le font ceux qui ont une maladie dans le cœur et sont tentés par leur fille ou une proche. Ils plaisantent ainsi et s'amusent avec elles de manière inconvenable en regardant leurs atours, justifiant leurs agissements en affirmant qu'elles ne sont que leurs filles ou qu'elles leur sont de toute manière interdites au mariage. Combien d'hommes ont été tentés par leurs filles au point de les suivre jusque dans leur chambre, et le secours est auprès d'Allah. Il faut donc faire très attention à ne pas suivre les pas du Diable. Et c'est Allah qui accorde le succès.

L'équité entre les enfants

An-Nu^cmân ibn Bashîr (ﷺ) rapporte : « Mon père m'a donné une partie de ses biens. Ma mère ^cUmrah bint Rawâ<u>h</u>ah dit alors : « Je n'accepterais pas cela à moins que tu ne prennes le Messager d'Allah (ﷺ) à témoin. » Mon père partit donc voir le Prophète (ﷺ) pour le prendre à témoin de son aumône, le Prophète (ﷺ) lui dit : « *As-tu fait cela pour tous tes enfants ?* » Il répondit : « Non ? » Il dit : « *Crains Allah et sois équitable envers tes enfants.* » Mon père est donc revenu et a repris cette aumône. »[1]

L'imam An-Nawawî (ﷺ) a dit : « Ce hadith montre qu'il convient d'être équitable dans les dons que l'on peut faire à ses enfants, et de donner à chacun la même chose, sans en avantager un, que ce soit un garçon ou une fille. »[2]

Il ne faut pas privilégier les garçons par rapport aux filles comme le font certains ignorants qui donnent pour preuve la Parole d'Allah (ﷻ) :

---

1 Al-Bukhârî et Muslim.

2 *Shar<u>h</u> Muslim* (11/69).

لِلذَّكَرِ مِثْلُ حَظِّ ٱلْأُنثَيَيْنِ

« ***Au fils revient une part équivalente à celle de deux filles*** »[1]

Car cela est spécifique à l'héritage. Et c'est Allah qui accorde le succès.

Instruire et éduquer la fille

La fille a besoin d'être instruite dans sa religion afin de grandir et devenir ainsi une femme pieuse qui tirera profit de sa propre science, mais sera aussi profitable pour ses parents, son mari et ses enfants. Si elle est une femme pieuse, elle leur évitera les troubles et les tentations, elle sera obéissante envers ses parents, leur donnera leurs droits, obéira à son mari et engendrera une descendance pieuse si Allah le veut. Et l'instruction religieuse est un droit que la fille a sur toi, ô toi le père ! Allah (ﷻ) dit :

يَٰٓأَيُّهَا ٱلَّذِينَ ءَامَنُواْ قُوٓاْ أَنفُسَكُمْ وَأَهْلِيكُمْ نَارًا وَقُودُهَا ٱلنَّاسُ وَٱلْحِجَارَةُ عَلَيْهَا مَلَٰٓئِكَةٌ غِلَاظٌ

شِدَادٌ لَّا يَعْصُونَ ٱللَّهَ مَآ أَمَرَهُمْ وَيَفْعَلُونَ مَا يُؤْمَرُونَ ﴿٦﴾

« ***Ô vous les croyants ! Préservez vos personnes et vos familles, d'un Feu dont le combustible sera les hommes et les pierres, surveillé par des Anges rudes, durs, ne désobéissant jamais à Allah en ce qu'Il leur commande, et faisant strictement ce qu'on leur ordonne.*** »[2]

Abû Hurayrah (ﷺ) rapporte que le Prophète (ﷺ) a dit : « *Chaque enfant naît jouissant d'une saine nature (Fitrah), et ce sont ses parents qui en font un juif, un chrétien ou un adorateur du feu.*

---

[1] *An-Nisâ'*, v.11.

[2] *At-Tahrîm*, v.6.

C'est comme le bétail qui donne du bétail de la même espèce : leurs petits naissent-ils mutilés ? »[1]

Cet enfant jouissant d'une saine nature accepte le bien comme le mal, c'est pour cela qu'il a besoin d'être instruit, éduqué, aiguillé de manière correcte vers la voie de l'islam.

Il faut faire attention à ne pas laisser cette pauvre petite fille vivre comme du bétail, ne connaissant rien de la religion et de la vie, et il y a dans le Prophète (ﷺ) un excellent exemple.

L'imam Al-Bukhârî a intitulé un chapitre de son Sahîh : « L'homme doit instruire sa servante et sa famille », puis il a cité le hadith d'Abû Mûsâ (ﷺ) qui rapporte que le Prophète (ﷺ) a dit : « *Trois personnes ont deux récompenses : un homme des gens du Livre qui a cru en son Prophète puis en Muhammad (ﷺ), le servant s'il donne son droit à Allah et à son maître, et un homme qui avait une servante qu'il a éduquée et instruite de la meilleure façon puis l'a affranchie et épousée. Ceux-là ont deux récompenses.* »

ᶜAwf ibn Mâlik (ﷺ) rapporte : « Alors que nous étions assis auprès du Messager d'Allah (ﷺ), il regarda au ciel et dit : « *C'est un moment où la science disparaît.* » Un homme des *Ansârs* nommé Ziyâd ibn Labîb lui dit : « Ô Messager d'Allah ! La science disparaît-elle alors que le Livre d'Allah est parmi nous et que nous l'enseignons à nos enfants et nos épouses ? » Le Messager d'Allah (ﷺ) lui dit : « *Je pensais que tu étais parmi les plus savants des gens de Médine.* » Puis il rappela l'égarement des gens du Livre bien qu'ils aient avec eux le livre d'Allah qu'Il leur a révélé. »[2]

---

[1] Al-Bukhârî et Muslim.
[2] Ahmad (6/26).

cAbd Allah ibn cAmr (رضي الله عنه) rapporte que le Messager d'Allah (ﷺ) a dit : « *Ordonnez à vos enfants de prier à l'âge de sept ans et corrigez-les s'ils ne l'accomplissent pas à l'âge de dix ans, et séparez-les dans les lits.* »[1]

Ce hadith donne des indications importantes pour l'éducation des enfants. Ainsi, on en déduit que la méthode d'éducation évolue avec l'âge et que l'on ne doit imposer à chaque enfant que ce qu'il peut supporter. [...]

cUmar ibn Abî Salamah (رضي الله عنه) rapporte : « J'étais une enfant vivant dans le giron du Prophète (ﷺ), et [lorsque nous mangions] ma main se baladait partout dans le plat, le Prophète (ﷺ) me dit alors : « *Ô mon enfant ! Prononce le nom d'Allah, mange de la main droite et mange ce qu'il y a devant toi.* » Et je n'ai cessé d'agir ainsi par la suite. »[2]

Hudhayfah (رضي الله عنه) rapporte : « Lorsque nous mangions avec le Prophète (ﷺ), personne ne commençait avant lui (ﷺ). Une fois, alors que nous mangions, une petite fille vint, comme possédée, en voulant mettre sa main dans le plat, le Prophète (ﷺ) l'en empêcha en saisissant sa main. Vint alors un bédouin, comme possédé, le Prophète (ﷺ) lui prit aussi la main, puis il dit : « *Le Diable profite du repas si on ne prononce pas le nom d'Allah sur celui-ci, il a fait venir cette petite fille et ce bédouin pour profiter du repas, c'est pourquoi j'ai saisi leur main. Par Celui qui détient mon âme dans Sa Main, la main du diable était dans ces mains.* »[3]

Il ne faut donc pas négliger le droit de l'enfant et son instruction, tout comme il ne faut pas exagérer et être trop dur :

يَٰٓأَهۡلَ ٱلۡكِتَٰبِ لَا تَغۡلُواْ فِي دِينِكُمۡ وَلَا تَقُولُواْ عَلَى ٱللَّهِ إِلَّا ٱلۡحَقَّۚ

---

1 Abû Dâwûd, hadith *hasan*.
2 Al-Bukhârî et Muslim.
3 Muslim.

« ***Ô Gens du Livre ! N'exagérez pas dans votre religion, et ne dites sur Allah que la vérité.*** »[1]

Le Prophète (ﷺ) a dit : « *Facilitez et ne rendez pas difficile, annoncez la bonne nouvelle et ne faites pas fuir.* » S'il a dit cela concernant l'adulte alors que dire de l'enfant !

De même, l'adulte ne peut se passer d'apprentissage, comme le rapporte ᶜAlî (ﷺ) : « Fâṯimah (ﷺ) s'est plainte de la fatigue causée par le travail du grain, et elle entendit qu'on avait donné au Prophète (ﷺ) un servant, c'est pourquoi elle alla le voir pour qu'il lui en accorde un, mais il ne répondit pas à sa demande. Elle se rendit donc chez ᶜÂ'ishah (ﷺ) qui rapporta cela au Prophète (ﷺ) qui vint nous voir alors que nous étions couchés. Nous nous apprêtions à nous lever mais il nous dit : « *Restez où vous êtes.* » au point que je sente la fraicheur de ses pieds sur ma poitrine, il dit : « *Vous indiquerais-je ce qui est meilleur que ce que vous m'avez demandé ? Lorsque vous allez vous coucher, dîtes Allâhu Akbar trente-quatre fois, Al-Ḫamdulillâh trente-trois fois et Subḫânallâh trente-trois fois. Cela est meilleur que ce que vous m'avez demandé.* »[2]

Usâmah ibn Zayd (ﷺ) rapporte : « Une des filles du Prophète (ﷺ) m'envoya à lui en lui demandant de venir car l'un de ses enfants – ou de ses fils – était sur le point de mourir. Le Prophète (ﷺ) dit : « *Retourne chez elle et informe-la que c'est à Allah qu'appartient ce qu'Il reprend et donne et que tout auprès de Lui a un terme donné, dis-lui de patienter et d'espérer la récompense d'Allah…* »[3]

[1] Sourate ***An-Nisâ'***, v.171.
[2] Al-Bukhârî et Muslim.
[3] Al-Bukhârî et Muslim.

Nous pouvons noter que dans ces preuves textuelles, la science [apprise par les femmes] comprend à la fois le bien de ce monde et de l'au-delà. Et c'est cette voie qu'il faut emprunter dans l'enseignement [que l'on donne aux filles] afin de toucher à la fois leur comportement et la voie qu'elles suivront. Et cette science ne se trouve pas dans les écoles [dans la majorité des pays musulmans], car la science qu'ils enseignent n'est qu'une science profane [de ce bas monde] même s'ils veulent faire croire que cela englobe aussi la science religieuse. Mais ce qui est connu est qu'il s'agit essentiellement d'une science profane, avec tout ce que cela peut entraîner d'illicite et de mauvais comme la mixité, l'enseignement du dessin et de la musique, ainsi que l'insouciance vis-à-vis des heures de prière, et d'autres choses encore. La science que nous encourageons les responsables à enseigner n'est que la science du Livre et de la Sunna, et cela n'est enseigné que dans les maisons dans lesquelles Allah (ﷻ) a permis qu'on mentionne Son Nom[1], et qui contiennent le bien de ce monde et de l'au-delà. Et Allah est Celui qui accorde le succès.

Quant à l'éducation, nous avons vu dans les preuves précédentes, qu'il s'agit d'abord de rappeler, de guider et d'enseigner. Ensuite, s'il faut être plus dur que cela en réprimandant ou en corrigeant, cela dépend de la situation comme il a précédé dans le hadith de ᶜAbd Allah ibn ᶜAmr ibn Al-ᶜÂs̱. Aussi en raison de ce qui est rapporté d'après ᶜAbd Allah ibn ᶜUmar (رضي الله عنه) : « Le Prophète (ﷺ) a dit : « *N'interdisez pas à vos femmes de se rendre à la mosquée si elles vous le demandent.* » [Le transmetteur du hadith dit :] Bilâl ibn ᶜAbd Allah dit alors : « Par Allah ! Nous le leur interdirons quand même. » ᶜAbd Allah ibn ᶜUmar se tourna vers lui et le réprimanda comme je ne l'avais jamais entendu réprimander personne et il dit : « Je t'informe

[1] Il s'agit des mosquées [NdT]

d'un hadith du Messager d'Allah (ﷺ) et toi tu me dis : « Par Allah ! Nous le leur interdirons quand même ? »[1]

Aussi, en raison de ce qui est rapporté par ᶜÂ'ishah (ﵺ) au sujet du contexte dans lequel les versets ayant trait aux ablutions sèches [*At-Tayammum*] ont été révélé :

« [J'accompagnais le Prophète (ﷺ) dans une de ses expéditions. Au retour, je perdis mon collier et le Prophète (ﷺ) arrêta la caravane pour le chercher. Les gens se plaignirent à Abû Bakr en m'accusant d'avoir retardé la caravane sachant qu'il ne restait plus d'eau en réserve.] Abû Bakr se rendit alors chez le Prophète (ﷺ) qui était en train de dormir, la tête posée sur ma cuisse. Abû Bakr me dit : « Tu as retardé le Messager d'Allah (ﷺ) et les gens alors qu'il ne reste plus d'eau ! » Il me parlait ainsi en me piquant du doigt entre mes côtes. Et rien ne m'empêcha de bouger si ce n'est que je ne voulais pas déranger le Prophète (ﷺ) qui dormait sur ma cuisse… »[2]

Remarque : Parfois l'enfant fait une bêtise, c'est pourquoi la mère le gronde pour l'éduquer, c'est alors que le père reproche cela à la mère devant l'enfant, et cela se répercute sur l'enfant, et la mère perd de l'importance à ses yeux. Il faut donc prendre garde à ne pas faire de reproches à la mère devant son enfant. Bien au contraire il faut être doux dans ses paroles, lui montrer du respect et rester calme. On peut lui dire par exemple : « Si tu penses qu'il ne faut pas le frapper pour cette fois, qu'Allah lui pardonne. Et pardonne-lui toi aussi pour cette fois. S'il recommence, punis-le et j'en ferai de même. »

---

[1] Muslim.

[2] Al-Bukhârî.

Etre violent avec la mère et lui faire des reproches devant ses enfants se répercutera clairement sur eux et sur leur état psychologique. Certains détesteront le père et éprouveront la plus grande tristesse pour leur mère, d'autres s'en souviendront et à chaque fois qu'ils feront une bêtise et seront grondés par leur mère, ils diront : « Je le dirai à mon père, il te corrigera et te fera ceci et cela. » C'est de cette manière que le foyer sera touché et se disloquera.

Lorsque la fille atteint l'âge du mariage

Allah (ﷻ) dit :

هُنَّ لِبَاسٌ لَّكُمْ وَأَنتُمْ لِبَاسٌ لَّهُنَّ

« ***Elles sont un vêtement pour vous et vous êtes un vêtement pour elles.*** »[1]

De la même manière que l'homme a besoin d'une femme, la femme a besoin d'un homme noble qui protègera son honneur, préservera son regard et sera un lieu de repos pour elle.

وَمِنْ ءَايَٰتِهِۦٓ أَنْ خَلَقَ لَكُم مِّنْ أَنفُسِكُمْ أَزْوَٰجًا لِّتَسْكُنُوٓا۟ إِلَيْهَا وَجَعَلَ بَيْنَكُم مَّوَدَّةً وَرَحْمَةً ۚ إِنَّ فِى ذَٰلِكَ لَءَايَٰتٍ لِّقَوْمٍ يَتَفَكَّرُونَ ﴿٢١﴾

« ***Et parmi Ses signes est qu'Il a créé de vous, pour vous, des épouses pour que vous viviez en tranquillité avec elles et Il a mis entre vous de l'affection et de la bonté. Il y a en cela des preuves pour des gens qui réfléchissent.*** »[2]

Parmi les droits de la fille sur son père est qu'il choisisse un homme pieux qui, s'il aime cette femme l'honorera, et s'il ne l'aime pas ne lui fera aucun mal.

Qui sont les bons prétendants ?

يَٰٓأَيُّهَا ٱلنَّاسُ إِنَّا خَلَقْنَٰكُم مِّن ذَكَرٍ وَأُنثَىٰ وَجَعَلْنَٰكُمْ شُعُوبًا وَقَبَآئِلَ لِتَعَارَفُوٓا۟ ۚ إِنَّ أَكْرَمَكُمْ عِندَ ٱللَّهِ أَتْقَىٰكُمْ ۚ إِنَّ ٱللَّهَ عَلِيمٌ خَبِيرٌ ﴿١٣﴾

---

[1] *Al-Baqarah*, v.187.

[2] *Ar-Rûm*, v.21.

« ***Ô vous les hommes ! Nous vous avons créés d'un mâle et d'une femelle, et Nous avons fait de vous des nations et des tribus, pour que vous fassiez connaissance. Le plus noble d'entre vous, auprès d'Allah, est le plus pieux. Allah est Omniscient et Clairvoyant.*** »[1]

Al-Hâfidh ibn Hajar a dit : « Les savants qui sont d'avis qu'il n'y a pas d'aptitude[2] particulière à chercher [chez le prétendant] pour le mariage ont utilisé ce verset comme preuve, et tout ce que l'on peut exiger, c'est la religion, comme Allah (ﷻ) dit : « ***Le plus noble d'entre vous, auprès d'Allah, est le plus pieux.*** »[3]

L'imam Al-Bukhârî a intitulé un chapitre de son *Sahîh* : « L'aptitude est à chercher dans la religion », puis il a cité la parole d'Allah (ﷻ) :

وَهُوَ ٱلَّذِى خَلَقَ مِنَ ٱلْمَآءِ بَشَرًا فَجَعَلَهُۥ نَسَبًا وَصِهْرًا ۗ وَكَانَ رَبُّكَ قَدِيرًا ﴿٥٤﴾

« ***C'est Lui qui de l'eau a créé une espèce humaine qu'Il unit par les liens de sang et d'alliance. Et ton Seigneur est Omnipotent.*** »[4]

ᶜÂ'ishah (ﷺ) rapporte : « Abû Hudhayfah ibn ᶜUtbah ibn Rabîᶜah ibn ᶜAbd Shams – qui a participé à la bataille de Badr avec le Prophète (ﷺ) – a adopté Sâlim et l'a marié à sa nièce Hind bint Al-Walîd ibn ᶜUtbah ibn Rabîᶜah, de la même manière que le Prophète (ﷺ) a adopté Zayd. A l'époque préislamique, lorsqu'un homme adoptait un enfant, les gens lui donnaient son nom et il avait un droit à l'héritage jusqu'à ce qu'Allah (ﷻ) révèle :

---

[1] *Al-Hujurât*, v.13.

[2] C'est ce que l'on appelle *Al-Kafâ'ah* (الكفاءة) en arabe [NdT]

[3] *Tafsîr ibn Kathîr* (4/230)

[4] Sourate ***Al-Furqân***, v.54.

ٱدْعُوهُمْ لِآبَآئِهِمْ هُوَ أَقْسَطُ عِندَ ٱللَّهِ ۚ فَإِن لَّمْ تَعْلَمُوٓا۟ ءَابَآءَهُمْ فَإِخْوَٰنُكُمْ فِى ٱلدِّينِ وَمَوَٰلِيكُمْ ۚ

« ***Appelez-les du nom de leurs pères : c'est plus équitable devant Allah. Mais si vous ne connaissez pas leurs pères, alors considérez-les comme vos frères en religion et vos alliés.*** »[1].

Dès lors, on a appelé [les enfants adoptifs] du nom de leurs pères (biologiques), et ceux dont on ne connaissait pas le nom étaient des alliés et des frères dans la religion. Sahlah bint Suhayl ibn ᶜAmr Al-Qurashî Al-ᶜÂmirî – la femme d'Abû Hudhayfah – vint au Prophète (ﷺ) et lui dit : « Ô Messager d'Allah, nous considérions Sâlim comme un de nos enfants et Allah a révélé ce que tu sais… » Puis il rappela le hadith.

Abû Hurayrah (ﷺ) rapporte que Abû Hind fit une saignée (*Hijâmah*) au Prophète (ﷺ) au niveau de la partie frontale de son crâne, et il dit : « *Ô Banî Bayâdah, mariez vos filles à Abû Hind et demandez la main de ses filles [et que son métier ne vous répugne pas.]…* »[2]

Al-Khattâbî a dit : « L'imam Mâlik et ceux qui l'ont suivi ont tiré de ce hadith la preuve que la religion est la seule aptitude à rechercher chez le prétendant, car Abû Hind ne fait pas partie de la tribu des Banî Bayâdah. »[3]

Abû Hurayrah (ﷺ) rapporte : « On a demandé au Prophète (ﷺ) : « Qui est le meilleur des gens ? » Il dit : « *Le plus pieux d'entre eux.* »[4]

---

1 *Al-Ahzâb*, v.5.

2 Abû Dâwûd, hadith *hasan*.

3 *Maᶜâlim As-Sunan* (13/177).

4 Al-Bukhârî et Muslim.

Sahl ibn Sa^cd As-Sâ^cidî (ﷺ) rapporte : « Un homme passa devant le Prophète (ﷺ) qui était assis avec un autre homme et auquel il demanda : « *Que penses-tu de cet homme ?* » Il dit : « Il est parmi les plus nobles de gens. Par Allah ! C'est un homme qui, s'il demande la main d'une femme on la lui donne et s'il intercède on accepte sa parole. » Le Prophète (ﷺ) se tut, puis un autre homme passa et le Prophète (ﷺ) dit : « *Que penses-tu de cet homme ?* » Il dit : « Ô Messager d'Allah, c'est un pauvre parmi les musulmans, c'est un homme qui, s'il demande la main d'une femme on ne la lui donne pas, s'il intercède on n'accepte pas sa parole, et s'il parle on ne l'écoute pas. » Le Prophète (ﷺ) dit alors : « *Ce dernier est meilleur que la terre entière remplie du premier.* »[1]

Ibn Qudâmah (ﷺ) a dit : « L'aptitude suffisante est à chercher exclusivement chez l'homme et non chez la femme, car le Messager d'Allah (ﷺ) [a épousé des femmes] et aucune n'avait l'aptitude suffisante [pour être au niveau du Prophète (ﷺ)]. Il a épousé des femmes parmi les tribus arabes mais aussi Safiyyah bint Hayy et avait une esclave, Maryâ [la copte]. Il dit aussi « *Celui qui a une servante qui l'éduque et l'instruit de la meilleure façon puis l'affranchit et l'épouse a deux récompenses.* » Aussi, l'enfant est connu par son affiliation à son père et non à sa mère. »[2]

Au secours des Hâshimiyât

A propos du choix du bon prétendant, j'ai voulu attirer l'attention sur le sort [des femmes] Hashémites[3] que l'on prive du bonheur de se marier. Ceci en raison de l'ignorance de leurs pères égarés qui suivent aveuglément les propos irresponsables

[1] Al-Bukhârî.

[2] *Al-Mughnî* (6/487).

[3] Il s'agit des femmes descendantes de la tribu des Banû Hâshim qui était la tribu du Prophète (ﷺ). Elles sont nombreuses au Yémen. [NdT]

de leurs guides religieux sans aucune preuve restrictive du Coran et de la Sunna. Et s'ils avaient cherché une preuve, ils auraient vu que cela est en opposition avec ce que disent ces savants insouciants.

ᶜÂ'ishah (ﷺ) rapporte : « Le Messager d'Allah (ﷺ) est entré chez D̲îbâᶜah bint Az-Zubayr et lui a dit : « *Veux-tu accomplir le pèlerinage ?* » Elle dit : « Oui, mais je suis souffrante. » Il dit : « *Accomplis ton pèlerinage en posant comme condition la parole que je vais te donner : ô Allah ! Que mon pèlerinage cesse là où Tu m'arrêteras.* » Et elle était l'épouse de Al-Miqdâd ibn Al-Aswad. »[1]

Al-H̲âfid̲h̲ (ﷺ) a dit : « Al-Miqdâd est le fils de ᶜAmr Al-Kindî. Cependant, il a été affilié à Al-Aswad ibn ᶜAbd Yaghûth Az-Zuhrî car ce dernier l'avait adopté. Il était parmi les dirigeants de la tribu de Quraysh et il épousa D̲îbâᶜah qui est une Hashémite. Si la lignée entrait en ligne de compte dans le choix du bon prétendant, il ne lui aurait pas été permis de l'épouser, car sa lignée est plus noble que la sienne. »[2]

Le Prophète (ﷺ) - qui est un Hashémite - a marié ses deux filles à ᶜUthmân ibn ᶜAffân (ﷺ) qui est un Qurayshite.

Le Prophète (ﷺ) a marié Zaynab bint Jah̲sh - qui est une *Asadiyah* - à Zayd ibn H̲ârithah qui est un esclave. De même qu'il a marié Usâmah ibn Zayd - qui est un esclave affranchi - à Fât̲imah bint Qays - qui est une Qurayshite.

Muh̲ammad ibn Ismâᶜîl Al-Amîr As-S̲anᶜânî (ﷺ) a dit dans son ouvrage *Subul As-Salâm*, au chapitre du choix du bon prétendant : « Sur cette question, les gens ont des pratiques étonnantes qui ne reposent sur rien d'autre que l'orgueil et

---

[1] Al-Bukhârî et Muslim.
[2] *Al-Fath̲* (9/135).

l'arrogance. Il n'y a de divinité digne d'adoration qu'Allah ! Combien de croyantes ont-elles été privées de mariage en raison de l'orgueil de leurs tuteurs et la haute opinion qu'ils ont de leur personne. Ô Allah ! Nous nous déclarons innocents d'une condition née des passions et développée par l'orgueil. Les *Fâṯimiyât*[1] ont été privées, au Yémen, du mariage qu'Allah (ﷻ) leur a pourtant rendu licite en raison d'une parole des partisans de l'école *Al-Hâdiwiyyah* disant que seul un *Fâṯimî* pouvait épouser une *Fâṯimiyyah*, et tout cela sans aucune preuve. Et cela n'est pas la voie de l'imam de l'école – Al-Hâdî – qui a marié ses filles à des *Ṯabariyyîn*. Cette parole n'est apparue qu'après lui, à l'époque de l'imam Aẖmad ibn Sulaymân, et il fut suivi en cela par les chefs de files de son école qui dirent que les *Fâṯimiyyîn* ne pouvaient se marier qu'entre eux. Tout cela sans aucune science, droiture ou livre guide. Au contraire, l'opposé de ce qu'ils ont dit a été authentiquement été rapporté du maître des hommes [Muẖammad (ﷺ)]. »[2]

Shaykh Ṣâlih Al-Muqbilî Al-Yamanî (رحمه الله) a dit : « Nous voudrions parler maintenant d'un acte scandaleux sur cette question pourtant aisée. Premièrement, le Prophète (ﷺ) a encouragé à s'attacher à sa lignée et sa descendance, lorsqu'il dit : « *Toute lignée et toute descendance cessera, sauf ma lignée et ma descendance.* » Cela amène les pieux à se concurrencer pour se lier conjugalement à sa descendance (ﷺ), et cela rend les *Fâṯimiyyât* plus désirables [que les autres femmes], même si elles présentent des caractéristiques que les hommes ne recherchent pas, comme la vieillesse ou la laideur. Mais de nos jours, au Yémen, la plupart d'entre elles vieillissent sans mari, et cela en pervertit certaines et fait naître d'autres méfaits [...] De plus, il est bien connu que les femmes sont plus nombreuses que les hommes, et cela est un

[1] Descendantes de Fâṯimah fille du Prophète (ﷺ) [NdT]
[2] *Subul As-Salâm*, p.1008.

signe de la fin des temps. Où donc trouver les *Fâṯimi*
prendront en charge ? Et si seulement leur fierté et leur
les poussaient à les prendre en charge et à les préférer à toute autre, mais leurs passions les en détournent en faveur des filles du bas peuple et des esclaves. Ainsi, malgré leur grand nombre au Yémen, les *Fâṯimiyyât* subissent cette injustice, malgré l'ordre religieux intimant de se presser de marier sa fille lorsqu'on trouve un prétendant convenable religieusement parlant. [Allah (ﷻ) dit :]

وَٱلَّذِينَ كَفَرُوا۟ بَعْضُهُمْ أَوْلِيَآءُ بَعْضٍ ۚ إِلَّا تَفْعَلُوهُ تَكُن فِتْنَةٌ فِى ٱلْأَرْضِ وَفَسَادٌ كَبِيرٌ

« ***Si vous ne le faites pas, il y aura des troubles sur terre et un grand désordre*** »[1]

Par Allah ! Un pèlerin m'a informé qu'un homme pieux et juste s'est rendu à *Al-Luhyah*. Une femme qui possédait des serviteurs le reçut en grandes pompes et voulut qu'il l'épouse. Elle le désira car il était étranger et que par conséquent on ne connaissait pas sa lignée. Elle ne cessa de lui ordonner de dire qu'il était un noble *fâṯimî* et lui ne cessait de répondre : non. Elle repartit donc en implorant Allah (ﷻ) et en disant : « Qu'Allah te punisse par tel et tel châtiment ô Mu'ayyid » – désignant par cela l'imam Al-Mu'ayyid Muhammad ibn Al-Qâsim, car il était très ferme [sur l'interdiction à une *Fâtimiyah* d'épouser tout autre qu'un *Fâṯimiy*], comme son élève et ministre Ibn Saᶜd Ad-Dîn. Combien de liens de parenté, par cet avis juridique, ont-ils détruit ! Et combien de descendantes du Prophète (ﷺ) ont-ils ainsi réduites à l'abandon. Et comme est belle cette sagesse décrivant les méfaits de l'exagération : « Tout ce qui dépasse la limite se rapproche de son opposé. » Nous n'avons donné cet exemple sur cette question que parce que c'est un problème apparu récemment dont les adeptes des écoles juridiques – ou la

---

[1] Sourate ***Al-Anfâl***, v.73.

plupart d'entre eux – n'ont pas entendu parler. Je pense que ce problème est né à l'époque d'Ahmad ibn Sulaymân et Al-Mansûr, et qu'il s'est aggravé à l'époque de Salâh ibn cAlî, ce qui fut la cause de nombreux malheureux événements. Quant à Al-Hâdî et d'autres, tout ce qu'on rapporte d'eux est à l'opposé de cet avis juridique extrême. »

[...]

Proposer une femme aux gens de bien

Sache, mon noble frère, que si ton regard se porte sur un homme pieux au bon comportement et suivant une voie bénie, tu ne dois pas perdre cette occasion précieuse pour ta fille et attendre quelqu'un d'autre. Médite bien sur ce qu'a fait ce noble compagnon qu'était cUmar ibn Al-Khattâb (رضي الله عنه).

L'imam Al-Bukhârî a intitulé un chapitre de son *Sahîh* : « Proposer sa fille ou sa sœur aux gens de bien », puis il a cité le hadith de cAbd Allah ibn cUmar (رضي الله عنه) qui rapporte que lorsque Hafsah (رضي الله عنها) a perdu son mari Khunays ibn Hudhâfah As-Suhamî (qui était un Compagnon enterré à Médine), cUmar (رضي الله عنه) a dit : « Je suis allé voir cUthmân ibn cAffân (رضي الله عنه) pour lui proposer Hafsah, et il me répondit : « Je vais réfléchir. » J'ai attendu plusieurs jours, puis je l'ai rencontré et il m'a dit : « Je pense que je ne me marierai pas pour le moment. » Je suis ensuite allé voir Abû Bakr (رضي الله عنه) et je lui ai dit : « Si tu veux, je t'offre la main de Hafsah. » Abû Bakr s'est tu et ne m'a rien répondu, et je lui en ai voulu plus qu'à cUthmân. J'ai attendu plusieurs jours, c'est alors que le Prophète (ﷺ) est venu la demander en mariage, c'est donc à lui que je l'ai mariée. Ensuite, j'ai rencontré Abû Bakr qui me dit : « Peut-être m'en as-tu voulu lorsque tu m'as proposé Hafsah et que je ne t'ai pas répondu ? » Je dis : « Effectivement. » Il dit : « La seule chose qui m'a empêché de te répondre, c'est que je savais que le Prophète (ﷺ) avait parlé de se marier avec elle et je ne voulais pas dévoiler le secret du Prophète (ﷺ). Et si le Prophète avait abandonné cette idée, je l'aurais épousée. »

Umm Habîbah (ﷺ) rapporte : « J'ai dit : « Ô Messager d'Allah, épouse ma sœur, la fille d'Abû Sufyân. » Il me dit : « *Tu aimerais cela ?* » Je dis : « Oui, car je ne suis pas ta seule épouse et ma sœur est celle avec qui je préfère partager mon bonheur. » Le Prophète (ﷺ) dit : « *Cela ne m'est pas permis.* » Je dis : « Ô Messager d'Allah, on raconte pourtant que tu veux épouser Durrah la fille d'Abû Salamah. » Il dit : « *La fille d'Abû Salamah ?* » Je dis : « Oui. » Il dit : « *Par Allah, même si elle n'avait pas vécu dans mon giron, elle ne me serait pas licite, elle est la fille de mon frère de lait [Abû Salamah]. Ne me proposez donc pas vos filles et vos sœurs.* »[1]

cAlî (ﷺ) rapporte : « J'ai dit : « Ô Messager d'Allah, pourquoi choisis-tu (des femmes) de *Quraysh* et pas de chez nous ? » Il dit : « *Et vous avez quelque chose ?* » Je dis : « Oui, la fille de Hamzah. » Il répondit : « *Elle ne m'est pas licite, elle est la fille de mon frère de lait.* »[2]

La permission de regarder celle que l'on demande en mariage

Abû Hurayrah (ﷺ) rapporte : « J'étais chez le Prophète (ﷺ) lorsque vint un homme qui l'informa qu'il avait épousé une femme des *Ansârs*. Le Prophète (ﷺ) lui dit : « *L'as-tu regardée ?* » Il répondit : « Non. » Il dit : « *Retourne-y et regarde-la, car les Ansârs ont quelque chose dans le regard.* »[3]

[1] Al-Bukhârî (5107).
[2] Muslim (1446).
[3] Muslim.

An-Nawawî a dit : « L'avis de notre école [Shaféite], ainsi que celui de Mâlik, Ahmad et de la majorité des savants est qu'il lui est permis de la regarder même sans demander son autorisation, sans qu'elle s'en aperçoive et sans l'avertir de cela. Sauf que Mâlik a dit : « Je déteste qu'il la regarde sans qu'elle s'en aperçoive car il peut en arriver à voir ses parties intimes. » On rapporte aussi de Mâlik, par une chaîne de transmission faible, qu'il aurait interdit de la regarder si ce n'est avec son autorisation. Mais cela est un avis faible car le Prophète (ﷺ) a autorisé cela sans poser comme condition qu'elle donne son accord, car la plupart du temps elle sera gênée. De plus, il peut y avoir un abus, s'il la voit, qu'elle ne lui plaît pas et qu'il lui fasse savoir, elle peut en être affectée. C'est pour cela que nos compagnons ont dit qu'il était préférable qu'il la regarde avant d'aller la demander en mariage. Ainsi, si elle ne lui plaît pas, il la laissera sans causer aucun tort. Et Allah est plus savant. Nos confrères ont dit : s'il ne peut la voir, il est préférable qu'il envoie une femme en qui il a confiance, qui la regardera et l'informera par la suite. Cela devant également se passer avant la demande en mariage en raison de ce que nous avons rappelé. »[1]

Regarder la femme que l'on demande en mariage est donc quelque chose que le Prophète (ﷺ) a indiquée, alors que certaines femmes en éprouvent de la gêne, et cela est une erreur. Mais le prétendant ne doit pas s'entêter sur cette question et peut envoyer une femme sincère qui pourra la lui décrire. De même, le père ne doit pas être trop sévère et s'y opposer.

Le regard que l'on porte sur la femme que l'on demande en mariage est délimité, il ne faut pas tout permettre, au point que le prétendant s'isole ou voyage seul avec elle, l'embrasse ou plaisante avec elle. Tout cela n'est pas permis car elle reste une

---

1 *Sharh Muslim* (10/210).

étrangère pour lui [jusqu'au mariage]. De même, chacun doit faire état des défauts[1] qu'il pourrait avoir et il ne doit pas les cacher, car le Prophète (ﷺ) dit : « *Celui qui nous trompe n'est pas des nôtres.* »[2] Et il est meilleur de ne pas cacher ces défauts, afin de ne pas provoquer le dégoût et le rejet après le mariage.

L'exagération dans la dot

L'exagération dans la dot est un des plus grands problèmes auxquels doivent faire face les jeunes : l'homme et la femme se désirent mais l'importance de la dot est un obstacle immense entre eux deux.

Plus encore, les jeunes filles sont devenues des marchandises que leurs pères vendent comme ils veulent. Ô toi le père, crains Allah ! Acceptes-tu que ta fille soit comme un agneau que l'on achète et que l'on vend ? Crains Allah ! Cette fille est un dépôt qui t'est confié et sur lequel tu seras interrogé au Jour de la Résurrection.

Les gens de la Sunna ont averti contre cela, et ils ont aiguillé et conseillé : « *Et celui qui revivifie une Sunna en a la récompense ainsi que celle de tous ceux qui la pratiqueront jusqu'au Jour de la Résurrection, sans rien enlever de leur récompense.* »

L'imam Al-Bukhâri a intitulé un chapitre de son *Sahîh* : « Le mariage avec pour seule dot le Coran, ou sans dot », puis il a cité le hadith de Sahl ibn Sa^c^d As-Sâ^c^idî (ﷺ) qui rapporte : « Nous étions avec le Prophète (ﷺ) lorsqu'une femme s'est levée et a dit : « Ô Messager d'Allah, je m'offre à toi, vois ce que tu en penses. » Le Prophète (ﷺ) ne répondit rien. Elle se leva une deuxième fois

---

1 Il s'agit des défauts physiques (ou psychologiques) importants comme la lèpre, l'impuissance, la stérilité, l'épilepsie, la folie… (Voir à ce sujet *Sharh Al-Mumti^c^* de shaykh Al-^c^Uthaymîn). [NdT]

2 Muslim.

et dit : « Ô Messager d'Allah, je m'offre à toi, vois ce que tu en penses. » Le Prophète (ﷺ) ne répondit rien. Elle se leva une troisième fois et dit : « Ô Messager d'Allah, je m'offre à toi, vois ce que tu en penses. » Un homme se leva et dit : « Ô Messager d'Allah, permets-moi de l'épouser. » Le Prophète (ﷺ) dit : « *As-tu quelque chose (à lui donner) ?* » Il répondit : « Non (je n'ai rien). » Il dit : « *Va et cherche quelque chose, serait-ce une bague en fer.* » Il sortit donc et chercha, puis il revint et dit : « Je n'ai rien trouvé, pas même une bague en fer. » Le Prophète (ﷺ) lui dit : « *Connais-tu quelque chose du Coran ?* » Il répondit : « Oui, telle et telle sourate. » Il dit : « *Va, je te permets de l'épouser, avec (pour dot) ce que tu connais du Coran.* »

Abû Salamah ibn ᶜAbd Ar-Ra<u>h</u>mân (ﷺ) rapporte : « J'ai interrogé ᶜÂ'ishah (ﷺ) sur la dot que le Prophète (ﷺ) donnait. Elle me dit : « Il donnait à ses épouses douze onces et demi, ce qui fait cinq cent dirhams. Voilà ce que le Prophète (ﷺ) donnait comme dot à ses épouses. »[1]

Ibn ᶜAbbâs (ﷺ) rapporte que lorsque ᶜAlî a épousé Fâ<u>t</u>imah (ﷺ), le Prophète (ﷺ) lui a dit : « *Donne-lui quelque chose.* » Il répondit : « Je n'ai rien. » Il dit : « *Où est ta cuirasse provenant de <u>H</u>a<u>t</u>am ?* »[2]

Anas ibn Mâlik (ﷺ) rapporte que le Prophète (ﷺ) vit sur ᶜAbd Ar-Ra<u>h</u>mân ibn ᶜAwf des traces jaunes[3]. Il lui dit : « *Qu'est-ce que cela ?* » Il dit : « Ô Messager d'Allah, je me suis marié avec une femme pour le poids d'un noyau d'or [comme dot]. » Le Prophète (ﷺ) dit : « *Qu'Allah bénisse ton mariage. Organise donc un repas, serait-ce en ne sacrifiant qu'un seul agneau.* »[4]

---

1 Muslim.

2 Abû Dâwûd, hadith <u>s</u>a<u>h</u>î<u>h</u>.

3 Il s'agit de traces de maquillage féminin [NdT]

4 Al-Bukhârî et Muslim.

Et le Prophète (ﷺ) a réprouvé l'exagération dans la dot. L'imam Ahmad rapporte avec une chaîne de transmission authentique d'après Abû Sadrad Al-Aslamî, qu'un homme est venu interroger le Prophète (ﷺ) à propos de la dot d'une femme. Le Messager d'Allah (ﷺ) lui dit : « *Combien lui as-tu donné ?* » Il dit : « Deux cent dirhams. » Il dit : « *L'or se ramasserait à Baṯhân que vous ne pourriez trouver de dot plus importante !* » Mais cela ne veut pas dire qu'il faille mépriser la femme au point de lui donner ce qui n'est pas suffisant à son mariage, conformément à la bienséance. Le but [de ce hadith] n'est que de montrer la pondération et la modération : sans exagération ni manquement. C'est pourquoi on ne trouve ni dans le Livre d'Allah ni dans la Sunna du Messager d'Allah (ﷺ) de limite supérieure dans la valeur de la dot. Au contraire, on trouve dans le Coran ce qui prouve qu'il est permis de donner une dot de grande valeur, mais également [des versets] qui englobent à la fois la dot minime et importante.

L'imam Al-Qurṯubî a dit : « Les savants sont unanimes sur le fait qu'il n'y a pas de limite supérieure à la valeur de la dot. »[1]

Le comité des grands savants a mené une recherche à ce sujet et les résultats en ont été que la limitation des dots n'est pas un remède efficace. Au contraire, il faut appliquer les choses suivantes :

1 - Informer les gens aux moyens des médias, mais également dans les sermons et les réunions publiques, en mettant en garde les responsables de famille contre le fait de créer des difficultés, et encourager les gens à donner une dot conséquente [mais raisonnable].

2 - Empêcher les gens de gaspiller lors des cérémonies de mariage.

[1] *Jâmi^c Aḫkâm Al-Qurân* (5/101)

3 - La mise en pratique de ces choses par les classes supérieures de la société, de sorte qu'ils donnent leurs filles à ceux qui sont de bons prétendants [aux conditions précitées] et qu'ils se suffisent de peu [pour la dot].[1]

Remarque : Que tout père sache que la dot est un droit de la fille et que personne ne peut en profiter si ce n'est avec son accord.

Ibn Hazm a dit : « Il n'est permis ni au père de la femme, qu'elle soit une jeune fille ou qu'elle ait déjà été mariée, ni à personne d'autre de jouir d'une quelconque part de la dot, de même pour le mari, qu'il choisisse de divorcer ou de garder son épouse. Et s'ils le font, le mariage est annulé et caduc. Par contre la femme peut donner sa dot entière ou en partie à qui elle veut, et ni le père ni le mari ne peuvent s'y opposer, à condition que [cette femme] soit pubère et douée de raison, et qu'il lui reste des biens après cela. Dans le cas contraire, elle ne peut en faire ce qu'elle veut. »[2]

Demander l'accord de la femme pour le mariage

Il est connu que le mariage implique que la femme quitte la maison de ses parents et de sa famille pour la maison de son mari en qui elle doit trouver le repos et l'affection, et auprès de qui elle résidera jour et nuit. Il est donc injuste que cela se passe avec un homme que son cœur n'apprécie pas, auprès duquel son âme ne trouve pas le repos et la quiétude. C'est pour cela que la Législation sage a ordonné de demander son accord afin qu'elle puisse choisir son mari et le père de ses enfants.

---

[1] Recherche du Comité des Grands Savants (2/409).

[2] *Al-Muhallâ* (9/511).

L'imam Al-Bukhârî a intitulé un chapitre de son S̱aẖîẖ : « Ni le père ni personne d'autre ne peut marier une femme, vierge ou non, sans son accord », puis il a cité le hadith d'Abû Hurayrah (ﷺ) qui rapporte que le Prophète (ﷺ) a dit : « *On ne marie la femme divorcée (ou veuve) que si elle le permet, et on ne marie la jeune fille que si elle donne son accord.* » On demanda : « Ô Messager d'Allah, comment donne-t-elle son accord ? » Il dit : « *Par son silence.* »

ᶜÂ'ishah (ﷺ) rapporte : « J'ai interrogé le Prophète (ﷺ) à propos d'une jeune fille que sa famille a mariée : doivent-ils lui demander son accord ? Il dit : « *Oui, on doit le demander.* » Je dis : « Oui, mais elle est gênée. » Il répondit : « *Alors son accord sera qu'elle garde le silence.* »[1]

Ibn ᶜAbbâs (ﷺ) rapporte que le Prophète (ﷺ) a dit : « *La femme divorcée [ou veuve] a plus de droit sur elle-même que son tuteur. Quant à la jeune fille, il faut lui demander son accord qu'elle signifiera par son silence.* »[2]

ᶜÂ'ishah (ﷺ) rapporte que le Prophète (ﷺ) a dit : « *Demandez l'accord des femmes dans leurs affaires.* » On dit : « La jeune fille peut être gênée et se taire. » Il dit : « *C'est cela son accord.* »[3]

Shaykh Al-Islâm ibn Taymiyyah a dit : « Il n'est permis à personne de marier une femme si ce n'est avec son accord comme l'a ordonné le Prophète (ﷺ), sauf pour la petite ou la jeune fille que leur père peut marier sans demander leur autorisation. Quant à la fille pubère, il n'est permis ni à son père ni à personne d'autre de la marier sans son accord, et ce à l'unanimité des savants musulmans. De même pour la jeune fille pubère : ni son père ni son grand père ne peuvent la marier sans son

---

1 Al-Bukhârî et Muslim.

2 Muslim.

3 An-Nasâ'î, hadith s̱aẖîẖ.

autorisation, à l'unanimité des savants musulmans. Quant au père et au grand-père, ils doivent lui demander son autorisation, mais les savants ont divergé sur cette demande : est-elle obligatoire ou seulement recommandée ? L'avis le plus correct est que cela est obligatoire, et le tuteur de cette fille doit craindre Allah (ﷻ) dans le choix qu'il fait du mari et il doit bien observer si cet homme convient ou non. Il doit la marier pour son profit à elle et non son propre profit en la mariant à un homme imparfait. »[1]

Remarque : Il faut demander son accord à la mère lorsque l'on veut marier sa fille, car le Prophète (ﷺ) a dit : « Demandez conseil aux femmes pour le mariage de leur fille. » Ceci car la femme est associée à l'époux dans la réflexion et la recherche du bien pour sa fille. Il doit demander l'avis de son épouse, et cela sera meilleur pour adoucir son cœur et obtenir son agrément, et elle doit être la première à être consultée.[2]

Par Allah ! Comme le Législateur est Sage et Miséricordieux ! Et comme Il est attentif à lier les musulmans et à réunir les proches parents !

Nullité du mariage forcé

L'imam Al-Bukhârî a intitulé un chapitre de son S̲ah̲îh̲ : « Si le père marie sa fille contre son gré, le mariage est invalide », puis il a cité le hadith de ᶜAbd Ar-Rah̲mân ibn Al-Qâsim, d'après son père, d'après ᶜAbd Ar-Rahmân et Majmaᶜ ibn Yazîd ibn Jâriyah, d'après Khunsâ bint Khidâm Al-Ans̲âriyyah qui rapporte que son père l'a mariée contre son gré alors qu'elle était divorcée. Elle se rendit donc chez le Messager d'Allah (ﷺ) qui annula le mariage.

---

[1] *Majmûᶜ Al-Fatâwâ* (32/39).
[2] Tiré de *Al-Mughnî*.

Ibn Buraydah rapporte d'après son père qu'une jeune fille est venue voir le Prophète (ﷺ) et lui a dit : « Mon père m'a mariée à son neveu uniquement pour redorer son blason. » Le Prophète (ﷺ) lui demanda de choisir et elle dit : « J'accepte ce qu'a fait mon père, mais je voulais que les femmes sachent que les pères ne peuvent contraindre au mariage. »[1]

Épouser une orpheline[2]

ᶜUrwah ibn Zubayr a interrogé ᶜÂ'ishah (رضي الله عنها) [à propos du verset] :

وَإِنْ خِفْتُمْ أَلَّا تُقْسِطُوا فِي الْيَتَامَىٰ فَانكِحُوا مَا طَابَ لَكُم مِّنَ النِّسَاءِ مَثْنَىٰ وَثُلَاثَ وَرُبَاعَ فَإِنْ خِفْتُمْ أَلَّا تَعْدِلُوا فَوَاحِدَةً أَوْ مَا مَلَكَتْ

« ***Et si vous craignez de ne pas être justes envers les orphelins, il vous est permis d'épouser deux, trois ou quatre femmes parmi celles qui vous plaisent. Mais si vous craignez de n'être pas justes avec celles-ci, alors n'en épousez qu'une seule, ou des servantes que vous possédez.*** »[3]

ᶜÂ'ishah (رضي الله عنها) dit : « Ô fils de ma sœur, ce verset a été révélé au sujet de l'orpheline vivant dans le giron d'un tuteur qui convoite sa beauté et ses biens et veut diminuer sa dot. On leur a alors interdit de les épouser, à moins qu'ils ne soient justes envers elles en leur donnant la totalité de leur dot, et on leur a ordonné d'épouser d'autres qu'elles parmi les femmes. »[4]

---

1 Ibn Mâjah, hadith s̲ah̲îh̲.

2 C'est-à-dire l'orpheline dont on a la charge et que l'on peut légalement épouser. [NdT]

3 *An-Nisâ'*, v.3.

4 *Al-Fath̲* (9/197).

On ne peut marier l'orpheline qu'avec son accord

Abû Hurayrah (ﷺ) rapporte que le Prophète (ﷺ) a dit : « *L'orpheline doit donner son accord pour le mariage et si elle garde le silence cela vaut accord, et si elle refuse, on ne peut la marier.* »[1]

ᶜAbd Allah ibn ᶜUmar (ﷺ) rapporte : « ᶜUthmân ibn Ma<u>dh</u>ᶜûn est mort en laissant une fille qu'il a eue avec Khuwaylah bint Hakîm ibn Umayyah ibn Hârithah ibn Al-Awqâ<u>s</u>. Il l'a alors confiée à son frère Qudâmah ibn Ma<u>dh</u>ᶜûn, et tous deux sont mes oncles. J'ai demandé à Qudâmah la main de la fille de ᶜUthmân et il me l'a accordée. C'est alors qu'Al-Mughîrah ibn Shuᶜbah est allé voir la mère [de la fille], il lui a fait miroiter des biens et elle a penché pour lui. Puis la fille a penché pour ce que sa mère désirait. Elles ont donc refusé le mariage jusqu'à ce que l'affaire se régla en présence du Prophète (ﷺ). Qudâmah dit : « Ô Messager d'Allah, mon frère m'a confié sa fille et je l'ai mariée à son cousin ᶜAbd Allah ibn ᶜUmar à qui ne manquent ni la piété ni les aptitudes [que l'on recherche chez un mari], mais c'est une femme et elle a penché vers les passions de sa mère. Le Prophète (ﷺ) dit : « *C'est une orpheline et on ne peut la marier sans son accord.* » Par Allah, on me l'a alors enlevée après qu'elle a été mon épouse, et Al-Mughîrah ibn Shuᶜbah l'a épousée. »[2]

Le père doit conseiller sa fille après le mariage

Sahl ibn Saᶜd rapporte : « Un homme de la famille de Marwân prit le contrôle de Médine. Il appela Sahl ibn Saᶜd et lui ordonna d'insulter ᶜAlî (ﷺ). Sahl ibn Saᶜd refusa. Il lui dit alors : « Si tu refuses, dis : Qu'Allah maudisse Abû Turâb. » Sahl dit : « Il n'y avait pas de nom plus aimé de ᶜAlî que Abû Turâb, et il était heureux lorsqu'on l'appelait ainsi. » Il dit : « Raconte-nous

---

[1] Abû Dâwûd, hadith <u>s</u>a<u>h</u>î<u>h</u>.

[2] A<u>h</u>mad, hadith <u>h</u>asan.

pourquoi on l'a appelé Abû Turâb ? » Il dit : « Le Prophète (ﷺ) se présenta chez Fâtimah et ne vit pas ʿAlî, alors il demanda : « *Où est ton cousin ?* » Elle dit : « Nous nous sommes disputés, il était en colère contre moi, il est sorti et n'a pas fait la sieste chez moi. » Le Prophète (ﷺ) dit à un homme : « *Retrouve-le.* » L'homme revint et lui dit : « Ô Messager d'Allah, il dort dans la mosquée. » Le Prophète (ﷺ) vint à lui alors qu'il était allongé par terre et qu'il s'était recouvert de son pagne si bien qu'il était couvert de terre (en arabe *turâb*). Le Prophète (ﷺ) l'essuyait et lui disait : « *Lève-toi Abû Turâb ! Lève-toi Abû Turâb !* »[1]

ʿUmar ibn Al-Khattâb (رضي الله عنه) rapporte : « Lorsque le Prophète (ﷺ) s'est écarté de ses épouses, je suis entré dans la mosquée et je vis les gens lançant des cailloux, l'air préoccupé. Ils se disaient : « Le Messager d'Allah a divorcé de ses épouses », cela avant qu'Allah n'ordonne aux femmes de se voiler. Je devais savoir aujourd'hui même ce qui s'était passé, je suis donc allé voir ʿÂ'ishah (رضي الله عنها) et lui ai dit : « Ô fille d'Abû Bakr, il m'est parvenu que tu causais du tort au Messager d'Allah (ﷺ) ! » Elle dit : « Que me veux-tu, ô Ibn Al-Khattâb ? Occupe-toi de ta propre fille. » Je suis donc allé voir Hafsah (رضي الله عنها) et lui ai dit : « Ô Hafsah, il m'est parvenu que tu causais du tort au Messager d'Allah (ﷺ) ! Je sais que le Messager d'Allah ne t'aime pas et que si ce n'était moi il aurait divorcé de toi. » Elle pleura alors chaudement… »[2]

ʿÂ'ishah (رضي الله عنها) rapporte : « Nous sommes partis en voyage avec le Prophète (ﷺ), et lorsque nous sommes arrivé à Al-Baydâ ou à Dhât Al-Jaysh, j'ai perdu un de mes colliers. Le Prophète (ﷺ) s'est donc arrêté pour le chercher et les gens se sont également arrêtés, alors qu'ils n'avaient plus d'eau. Les gens vinrent alors à Abû Bakr (رضي الله عنه) et lui dirent : « N'as-tu pas vu ce qu'a fait ʿÂ'ishah ? Elle

---

[1] Muslim (6179).

[2] Muslim.

a stoppé le Messager d'Allah (ﷺ) et les gens alors qu'ils n'ont plus d'eau. » Abû Bakr se rendit alors chez le Prophète (ﷺ) qui était en train de dormir, la tête posée sur ma cuisse. Abû Bakr me dit : « Tu as retardé le Messager d'Allah (ﷺ) et les gens alors qu'il ne reste plus d'eau ! » Il me parlait ainsi en me piquant du doigt entre mes côtes. Et rien ne m'empêcha de bouger si ce n'est que je ne voulais pas déranger le Prophète (ﷺ) qui dormait sur ma cuisse Lorsque le Prophète (ﷺ) se réveilla, Allah révéla les versets de *Tayammum* [les ablutions sèches], et ainsi les gens se sont purifiés. Usayd ibn Hudhayr — qui était un des chefs — dit : « Ce n'est pas la première de vos bénédictions, ô famille d'Abû Bakr. » Nous avons ensuite fait bouger la chamelle sur laquelle j'étais et nous avons trouvé le collier en dessous. »[1]

L'imam An-Nawawî (رحمه الله) a dit : « Ce hadith montre comment éduquer son enfant par la parole, l'acte, les remontrances et autres. Il montre aussi la manière dont le père éduque sa fille même si elle est âgée, mariée et n'habite plus chez lui. »[2]

An-Nuʿmân ibn Bashîr (رضي الله عنه) rapporte : « Abû Bakr (رضي الله عنه) arriva à la porte du Prophète (ﷺ) et entendit ʿÂ'ishah (رضي الله عنها) élever la voix sur le Prophète (ﷺ) qui autorisa Abu Bakr à entrer. Il entra et dit : « Ô fille d'Umm Rawmân — en la saisissant — élèves-tu la voix sur le Messager d'Allah (ﷺ) ! » Le Prophète (ﷺ) s'interposa entre eux et lorsqu'Abû Bakr sortit, le Prophète (ﷺ) dit — en cherchant à contenter ʿÂ'ishah : « *Ne vois-tu pas que je me suis interposé entre l'homme et toi* » — C'est-à-dire Abû Bakr et ʿÂ'ishah. Puis Abû Bakr revint et les trouva en train de rire, il dit alors : « Ô Messager d'Allah, associez-moi à votre paix comme vous m'avez associé à votre guerre. »[3]

---

[1] Al-Bukhârî et Muslim.

[2] *Sharh Muslim* (4/59).

[3] Ahmad, hadith *sahîh*.

Le père doit rendre visite à sa fille

La mère des croyants, ᶜÂ'ishah (رضي الله عنها) rapporte : « Je n'ai vu personne plus proche de l'apparence et de l'attitude du Messager d'Allah (ﷺ) que Fâṯimah (رضي الله عنها), qu'Allah anoblisse son visage. Lorsqu'elle rentrait chez lui, il se levait pour aller à sa rencontre, la prenait par la main, l'embrassait et la faisait asseoir avec lui. Et lorsqu'il rentrait chez elle, elle se levait pour aller à sa rencontre, le prenait par la main, l'embrassait et l'asseyait avec elle. »[1]

Le conseil du père à sa fille

ᶜÂ'ishah (رضي الله عنها) rapporte : « Nous étions, épouses du Prophète (ﷺ), toutes à ses côtés et aucune ne manquait à l'appel. Fâṯimah arriva alors en marchant, d'une démarche similaire à celle du Messager d'Allah (ﷺ). Lorsqu'il la vit, il l'invita et dit : « *Bienvenue à ma fille !* » Puis il la fit asseoir à sa droite ou à sa gauche et lui dit une chose en secret qui la fit pleurer chaudement. Lorsqu'il vit sa tristesse, il lui dit de nouveau une chose en secret et elle rit. Je lui dis : « Le Messager d'Allah (ﷺ) t'a préférée à ses épouses pour te confier un secret et toi tu pleures ! » Lorsque le Prophète (ﷺ) se leva, je lui demandai : « Qu'est-ce que le Messager d'Allah (ﷺ) t'a-t-il dit ? » Elle répondit : « Je ne dévoilerai pas le secret du Prophète. » Lorsque le Messager d'Allah (ﷺ) décéda, je lui dis : « Je te conjure de me dire ce que t'a confié le Messager d'Allah (ﷺ). » Elle dit : « Aujourd'hui, je peux le dire. La première fois qu'il m'a parlé en secret, il m'a informée que chaque année Jibrîl (عليه السلام) lui faisait réciter le Coran une seule fois, et qu'il venait de le lui faire réciter deux fois. Le Prophète (ﷺ) m'a alors dit : « *Je vois donc que ma fin est proche. Crains donc Allah et patiente, car je suis pour toi un*

[1] Abû Dâwûd, hadith *ḫasan*.

excellent prédécesseur. » Et là j'ai pleuré comme tu m'as vu pleurer, et lorsqu'il a vu ma tristesse, il m'a confié une deuxième chose et m'a dit : « *Ô Fâtimah ! Ne te réjouirait-il pas d'être la maîtresse des croyantes ou la maîtresse des femmes de cette communauté ?* » J'ai alors ris comme tu m'as vu rire. » »[1]

[1] Al-Bukhârî et Muslim.

Les droits de l'épouse sur son mari

Allah (ﷻ) dit :

وَمِنْ ءَايَٰتِهِۦٓ أَنْ خَلَقَ لَكُم مِّنْ أَنفُسِكُمْ أَزْوَٰجًا لِّتَسْكُنُوٓا۟ إِلَيْهَا وَجَعَلَ بَيْنَكُم مَّوَدَّةً وَرَحْمَةً ۚ إِنَّ فِى ذَٰلِكَ لَءَايَٰتٍ لِّقَوْمٍ يَتَفَكَّرُونَ ﴿٢١﴾

« ***Et parmi Ses signes est qu'Il a créé de vous, pour vous, des épouses pour que vous viviez en tranquillité avec elles et Il a mis entre vous de l'affection et de la bonté. Il y a en cela des preuves pour des gens qui réfléchissent.*** »[1]

Al-Hâfidh ibn Kathîr (رحمه الله) a dit : « Une des manifestations du caracère parfait de la miséricorde d'Allah envers les fils d'Adam est qu'Il a créé pour eux des compagnes de leur espèce, et qu'Il a fait naître de l'affection mutuelle, qui n'est autre que l'amour, et de la miséricorde, qui n'est autre que la tendresse. En effet, l'homme garde son épouse soit par amour, soit par miséricorde pour elle – dans le cas où elle a un enfant ou qu'elle a besoin de lui – soit en raison de leur complicité ou d'autres choses encore : « ***Il y a en cela des preuves pour des gens qui réfléchissent.*** »

ᶜAbd Allah ibn ᶜAmr ibn Al-ᶜÂs (رضي الله عنه) rapporte que le Messager d'Allah (ﷺ) a dit : « *La vie d'ici-bas est une jouissance, et la meilleure de ses jouissances est la femme pieuse.* »[2]

Abû Hurayrah (رضي الله عنه) rapporte que le Messager d'Allah (ﷺ) a dit : « *On épouse une femme pour quatre raisons : son argent, sa*

---

[1] Sourate ***Ar-Rûm***, v.21.

[2] Muslim.

famille, sa beauté ou sa religion. Mets la main sur cette dernière, que tes mains te perdent[1]. »[2]

Les qualités qu'il faut rechercher chez une femme sont : qu'elle s'occupe bien de ton foyer, qu'elle élève tes enfants, qu'elle soit pieuse et ait un bon comportement, qu'elle t'aide dans l'obéissance à Allah (ﷻ), qu'elle te rappelle lorsque tu oublies, qu'elle t'aide lorsque tu te rappelles, qu'elle se dévoue pour toi lorsque tu es présent, qu'elle préserve tes biens et ton honneur lorsque tu es absent, qu'elle te contente lorsque tu t'énerves, qu'elle t'obéisse lorsque tu lui ordonnes quelque chose, qu'elle respecte ton serment lorsque tu jures. La femme chaste et noble ne s'enorgueillit pas devant toi par son argent, sa beauté ou sa lignée. Mais il est regrettable de voir que certains de nos frères qui suivent la voie des pieux prédécesseurs convoitent la femme belle, noble ou riche, délaissant ainsi l'étudiante en science religieuse, bien que vertueuse et pudique. Nous sommes à Allah et c'est vers Lui que nous retournerons.

L'obligation de la dot

Allah (ﷻ) dit :

وَءَاتُوا۟ ٱلنِّسَآءَ صَدُقَـٰتِهِنَّ نِحْلَةً

« ***Faites don à vos épouses de leur dot.*** »[3]

Al-Qurṯubî (رحمه الله) a dit en explication de ce verset : « Ce verset montre l'obligation de la dot. Il y a unanimité des savants à ce sujet, hormis un avis des savants d'Irak disant que lorsque le maître épouse une de ses servantes, la dot n'est pas obligatoire,

[1] C'est une expression qui souligne l'importance des propos tenus [NdT]
[2] Al-Bukhârî et Muslim.
[3] *An-Nisâ'*, v.4.

mais cela n'est pas pris en compte car la parole d'Allah « ***Faites don à vos épouses de leur dot.*** » est générale. »

وَءَاتُوهُنَّ أُجُورَهُنَّ بِٱلْمَعْرُوفِ

« ***Et donnez-leur une dot convenable.*** »[1]

Al-Hâfidh ibn Kathîr (ﷺ) a dit en explication de ce verset, après avoir rappelé les avis des savants : « L'ensemble de leurs paroles montre qu'il est obligatoire à l'homme de donner une dot à la femme. Il doit faire cela de bon gré comme lorsqu'il fait un don ou offre un cadeau. Et si par la suite, après avoir nommé la dot, la femme la lui cède en totalité ou en partie, il peut l'utiliser sans avoir rien à se reprocher. »

Les conditions du mariage et le mérite de celui qui respecte ces conditions

ᶜUqbah ibn ᶜÂmir (ﷺ) rapporte que le Messager d'Allah (ﷺ) a dit : « *Les conditions qui sont le plus en droit d'être respectées sont celles par lesquelles on parvient à l'acte sexuel de manière licite.* »[2]

Al-Miswar ibn Mukhramah (ﷺ) rapporte : « ᶜAlî (ﷺ) a demandé en mariage la fille d'Abû Jahl. Lorsque Fâtimah (ﷺ) l'apprit, elle se rendit chez le Messager d'Allah (ﷺ) et dit : « Les gens prétendent que tu ne te mets pas en colère pour tes filles, et ᶜAlî veut épouser la fille d'Abû Jahl. » Fâtimah entendit alors le Messager d'Allah (ﷺ) prononcer l'attestation de foi et faire le sermon suivant : « *J'ai marié Abû Al-ᶜÂs ibn Rabîᶜ [à ma fille Zaynab]. Nous avons parlé et il a respecté la condition que j'avais émise*[3]. *Or, Fâtimah est une partie de moi-même et je déteste qu'on lui cause du tort. Par Allah ! Aucun homme ne réunira la fille du Messager*

[1] *An-Nisâ'*, v.25.
[2] Muslim.
[3] A savoir de ne pas prendre de coépouse tant qu'il sera marié à Zaynab [NdT]

d'Allah et la fille de l'ennemi d'Allah. » ᶜAlî (ﷺ) abandonna alors l'idée de ce mariage. »[1]

Al-H̲âfidh ibn H̲ajar (ﷺ) rapporte la parole d'Al-Khat̲t̲âbî qui dit : « Les conditions du mariage sont diverses. Certaines doivent être respectées, à l'unanimité des savants : il s'agit de tout ce qu'Allah (ﷺ) a ordonné concernant la vie harmonieuse de couple ou la séparation de la meilleure manière, et c'est en ce sens que certains ont compris ce hadith. D'autres conditions ne doivent pas être respectées, à l'unanimité des savants, comme le fait de demander que le mari divorce d'une de ses femmes. D'autres conditions encore sont sujettes à divergence, comme le fait que l'épouse demande au mari de ne pas prendre d'autres épouses, qu'il ne s'éloigne pas d'elle, ou qu'elle n'emménage pas chez lui. »[2]

An-Nawawî (ﷺ) a dit : « As-Shâfiᶜî et la majorité des savants ont dit que cela concernait les conditions qui ne s'opposent pas à ce qu'implique le mariage. Ces conditions doivent donc correspondre aux implications et buts du mariage, comme le fait de vivre dans la bienfaisance, de prendre l'épouse en charge, de l'habiller et de la loger conformément à la bienséance. Il ne doit pas non plus diminuer de ses droits. Il doit lui attribuer un temps égal à celui qu'il accorde à ses autres épouses, et elle ne doit sortir de chez lui qu'avec son autorisation. Elle ne doit pas lui être hostile ou accomplir un jeûne surérogatoire sans son accord, ni recevoir quelqu'un chez lui sans sa permission et ne pas utiliser ses biens sans son agrément, et d'autres choses encore.

Quant aux conditions qui s'opposent aux implications du mariage, comme le fait que l'épouse demande qu'il ne partage pas son temps avec celui de ses coépouses, qu'il ne prenne pas

---

[1] Muslim.
[2] *Al-Fath̲* (9/217).

de servante, qu'il ne la prenne pas en charge, qu'il ne voyage pas avec elle ou d'autres choses encore, il n'est pas obligatoire de les respecter. Au contraire ces conditions sont invalides et le mariage est valide d'après la parole du Prophète (ﷺ) : « *Toute condition qui n'est pas dans le Livre d'Allah est nulle.* »

Ahmad et d'autres ont dit : « Toutes les conditions doivent être respectées d'après le hadith : « *Les conditions les plus en droit d'êtres respectées sont celles par lesquelles on parvient à l'acte sexuel de manière licite.* » Et Allah est plus savant. »[1]

Shaykh Abû cAbd Ar-Rahmân Muqbil ibn Hâdî Al-Wâdicî a dit : « La parole de l'imam Ahmad et de ceux qui le suivent en cela est l'avis authentique en raison du hadith cité et aussi en raison de la parole d'Allah (ﷻ) :

يَـٰٓأَيُّهَا ٱلَّذِينَ ءَامَنُوٓاْ أَوۡفُواْ بِٱلۡعُقُودِۚ

« **Ô vous les croyants ! Remplissez vos engagements**. »[2]

Exception doit être faite si cette condition s'oppose aux buts du mariage, comme le fait de poser comme condition qu'il n'ait pas de rapports sexuels avec elle alors qu'elle en est capable, au contraire de la jeune fille qui peut ne pas en être capable, dans ce cas il faut respecter la condition. Et Allah est plus savant. »

L'obligation de pourvoir aux besoins de l'épouse et de la loger

Allah (ﷻ) dit :

أَسۡكِنُوهُنَّ مِنۡ حَيۡثُ سَكَنتُم مِّن وُجۡدِكُمۡ

[1] *Sharh Muslim* (9/25).
[2] *Al-Mâ'idah*, v1.

« ***Logez-les là où vous logez, en fonction de vos moyens.*** »[1]

وَعَلَى ٱلْمَوْلُودِ لَهُۥ رِزْقُهُنَّ وَكِسْوَتُهُنَّ بِٱلْمَعْرُوفِ

« ***Au père de l'enfant revient la charge de nourrir et vêtir ses épouses de manière convenable.*** »[2]

Muᶜâwiyah ibn Hîdah (ﷺ) rapporte : J'ai dit : « Ô Messager d'Allah, quels sont les droits de nos épouses sur nous ? » Il dit : « *Que tu la nourrisses lorsque tu manges, que tu la vêtisses lorsque tu te vêtis, que tu évites le visage quand tu la corriges, que tu ne l'insultes pas, et que tu ne t'éloignes d'elle*[3] *que dans la maison.* »[4]

ᶜÂ'ishah (ﷺ) rapporte que Hind bint ᶜUtbah a dit : « Ô Messager d'Allah, Abû Sufyân est un homme avare et il ne me donne pas suffisamment pour subvenir à mes besoins et ceux de mes enfants, sauf si je prends de ses biens sans qu'il ne le sache. » Il dit : « *Prends ce qu'il te faut à toi et tes enfants de manière convenable (sans exagérer).* »[5]

Abû Hurayrah (ﷺ) rapporte que le Messager d'Allah (ﷺ) a dit : « *La meilleure des aumônes est la richesse (que tu laisses à ta famille). La main qui donne est meilleure que la main qui reçoit. Commence par ceux qui sont à ta charge.* » L'épouse dit : prends-moi en charge ou divorce de moi. L'esclave dit : prends-moi en charge et je suis à ton service, l'enfant dit : prends-moi en charge, sinon à qui me laisseras-tu ? Les gens dirent : « Ô Abû Hurayrah, tu as entendu cela du Messager d'Allah (ﷺ) ? » Il dit : « Non, cela vient d'Abû Hurayrah. »[6]

---

1 *At-Talâq*, v.6.
2 *Al-Baqarah*, v.233.
3 *Al-Hajr*, il s'agit de s'écarter de son épouse suite à un mécontentement. [NdT]
4 Abû Dâwûd, hadith *hasan*.
5 Al-Bukhârî.
6 Al-Bukhârî.

Abû Masûd Al-An<u>s</u>ârî (رضي الله عنه) rapporte que le Prophète (ﷺ) a dit : « *Si le musulman dépense pour sa famille en espérant la récompense d'Allah, cela sera une aumône pour lui.* »[1]

L'épouse qui renonce à une partie de ses droits

Allah (تعالى) dit :

وَإِنِ ٱمْرَأَةٌ خَافَتْ مِنۢ بَعْلِهَا نُشُوزًا أَوْ إِعْرَاضًا فَلَا جُنَاحَ عَلَيْهِمَآ أَن يُصْلِحَا بَيْنَهُمَا
صُلْحًا ۚ وَٱلصُّلْحُ خَيْرٌ ۗ وَأُحْضِرَتِ ٱلْأَنفُسُ ٱلشُّحَّ ۚ وَإِن تُحْسِنُوا۟ وَتَتَّقُوا۟ فَإِنَّ ٱللَّهَ
كَانَ بِمَا تَعْمَلُونَ خَبِيرًا ﴿١٢٨﴾

« ***Et si une femme craint que son mari l'abandonne ou la délaisse, il n'y a aucun mal à ce qu'ils cherchent un compromis, et le compromis est meilleur (que la séparation), car les âmes penchent vers l'avarice. Mais si vous agissez en bien et que vous craignez (Allah), Allah sait parfaitement ce que vous faites.*** »[2]

Ibn Jarîr At-Tabarî a dit : « Allah (تعالى) a voulu signifier par là que si une femme sait que son mari éprouve de la répulsion envers elle – car il penche vers une autre, soit en raison d'une animosité envers elle ou d'un dégoût pour sa laideur, son âge avancé ou autre – ou bien si elle craint qu'il ne la délaisse, c'est à dire qu'il se détourne d'elle ou la prive de certains bienfaits qu'il lui accordait. « ***il n'y a aucun mal à ce qu'ils cherchent un compromis*** » C'est-à-dire que l'épouse qui craint que son mari ne la délaisse ne commet aucun péché à chercher un compromis qui consiste à ce qu'elle fasse don du jour qui était le sien et qu'elle renonce à certains de ses droits afin de l'apitoyer pour que leur

---

[1] Al-Bukhârî.
[2] *An-Nisâ'*, v.128.

relation continue et que perdurent les liens conjugaux qui les unissent. »[1]

Ibn Kathîr dit en commentaire de ce verset : « Si une femme craint que son mari ne la quitte, elle peut renoncer, en totalité ou en partie, à ses droits envers lui, que cela concerne l'habillement, le logement ou d'autres choses encore parmi les droits qu'elle a sur lui. Il peut accepter cela, et l'épouse ne commet aucun péché en faisant cette proposition, de même pour le mari en l'acceptant. »

La bonne cohabitation et le bon comportement

Allah (ﷻ) dit :

وَعَاشِرُوهُنَّ بِٱلۡمَعۡرُوفِۚ فَإِن كَرِهۡتُمُوهُنَّ فَعَسَىٰٓ أَن تَكۡرَهُواْ شَيۡـٔٗا وَيَجۡعَلَ ٱللَّهُ فِيهِ خَيۡرٗا كَثِيرٗا

« ***Et comportez-vous convenablement envers elles. Si vous avez de l'aversion envers elles, il se peut que vous ayez de l'aversion pour une chose dans laquelle Allah met un grand bien.*** »[2]

Al-Hâfidh ibn Kathîr (رحمه الله) a dit en commentaire de ce verset : « C'est-à-dire : ayez de bonnes paroles, agissez de la meilleure manière et embellissez-vous autant que vous le pouvez pour elles. Faites pour elles ce que vous aimeriez qu'elles fassent pour vous, comme Allah (ﷻ) dit :

وَلَهُنَّ مِثۡلُ ٱلَّذِي عَلَيۡهِنَّ بِٱلۡمَعۡرُوفِۚ

« ***Quant à elles, elles ont des droits équivalents à leurs obligations*** »[3]

[1] *Tafsîr At-Tabarî* (9/267).
[2] *An-Nisâ'*, v.19.
[3] *Al-Baqarah*, v.228.

Le Messager d'Allah (ﷺ) a dit : « *Le meilleur d'entre vous est celui qui a le meilleur comportement avec ses épouses, et je suis le meilleur d'entre vous avec mes épouses.* »

Nombreuses étaient les qualités du Prophète (ﷺ) : il était facile à vivre, toujours joyeux, il jouait et était doux avec sa famille, il dépensait beaucoup pour eux, il riait avec ses épouses comme lorsqu'il rappelait à ᶜÂ'ishah (رضي الله عنها) qu'il l'avait devancée à la course. Elle dit : « Le Messager d'Allah (ﷺ) m'a devancée une fois et moi une autre. Je l'ai devancé lorsque j'étais (jeune et) frêle, puis il m'a devancée lorsque j'ai pris du poids, c'est alors qu'il m'a dit : « *C'est ma revanche pour la dernière fois.* » Toutes les nuits, il réunissait ses femmes dans la maison de celle chez qui il passait la nuit, et parfois il dînait avec elles, puis chacune regagnait son foyer. Il dormait sous le même drap que son épouse, il mettait son *ridâ* sur ses épaules et dormait avec son *izâr*[1]. Après avoir prié le *ᶜishâ*, il rentrait chez lui et restait un moment [à discuter] avec sa famille avant d'aller dormir, et Allah (ﷻ) dit :

لَّقَدْ كَانَ لَكُمْ فِي رَسُولِ اللَّهِ أُسْوَةٌ حَسَنَةٌ

« ***Vous avez dans le Messager d'Allah un excellent modèle [à suivre]*** »[2]

ᶜAmr ibn Al-Ahwas Al-Jushamî (رضي الله عنه) rapporte qu'il a entendu le Prophète (ﷺ), lors de son pèlerinage d'adieu, dire après avoir loué Allah (ﷻ) et exhorté les gens : « *Ayez un bon comportement avec les femmes, car elles sont comme des captives auprès de vous. Ne leur causez aucun tort sauf si elles commettent une turpitude évidente. Si c'est le cas, éloignez-vous de leur couche, (et si elles persistent) corrigez-les sans violence, puis, si elles vous obéissent, ne leur causez aucun tort. Certes, vous avez un droit sur vos femmes et elles ont un*

---

[1] Deux pièces de vêtement, le *ridâ'* couvre le haut du corps, et le *izâr* le bas du corps.[NdT]

[2] Sourate ***Al-Ahzâb***, v.21.

droit sur vous. Votre droit sur elles est qu'elles ne permettent pas à une personne que vous détestez de s'asseoir sur votre couche et ne fasse pas entrer chez vous une personne que vous détestez. Et leur droit sur vous est que vous soyez bons avec elles, les nourrissiez et les vêtissiez de la meilleure manière. »[1]

Abû Hurrah Ar-Ruqâshî rapporte de son oncle : « Je tenais la bride de la chamelle du Messager d'Allah (ﷺ) pendant les jours du pèlerinage et j'écartais de lui les gens. Il dit alors : « *Ô vous les gens… (et dans sa parole) Craignez Allah dans votre comportement envers les femmes, car elles sont comme des captives auprès de vous et ne possèdent rien pour elles. Elles ont un droit sur vous et vous avez un droit sur elles. Votre droit est qu'elles ne permettent pas à une personne que vous détestez de s'asseoir sur votre couche et ne fasse pas entrer chez vous une personne que vous détestez. Si vous craignez leur désobéissance, exhortez-les, (et si elles persistent) éloignez-vous de leur couche, (et si elles persistent) corrigez-les sans violence. Et leur droit sur vous est que vous soyez bon avec elles, les nourrissiez et les vêtissiez de la meilleure manière. Vous les avez prises comme un dépôt auprès d'Allah, et vous avez pu jouir d'elles par la Parole d'Allah. Que celui à qui on a confié un dépôt le garde (de la meilleure manière)* » Puis il a tendu sa main et a dit : « *Ai-je transmis ? Ai-je transmis ? Que les personnes présentes transmettent mes paroles aux absents, car il se peut que celui à qui l'on transmet profite plus de mes propos que celui qui a entendu.* »[2] Al-Humayd rapporte qu'Al-Hasan a dit lorsqu'il a transmis cette parole : « Par Allah, ils l'ont transmise à des gens qui en ont tiré meilleur profit encore. »

---

[1] At-Tirmidhî.

[2] Ahmad, la chaîne de transmission de ce hadith contient ᶜAlî ibn Zayd ibn Jaᶜân qui est un rapporteur faible, mais d'autres versions viennent appuyer ce hadith et l'élever au degré de *hasan*.

Ô toi l'époux : ce n'est pas une preuve de bonne cohabitation que de charger ton épouse et l'épuiser en lui imposant sans relâche de respecter tes droits. Au contraire, tu dois être juste et tu dois accepter de faire des concessions sur certains de tes droits afin de réaliser ce qui est plus important encore, à savoir la bonne cohabitation et l'allègement de la charge de ton épouse.

Abû Hurayrah (ﷺ) rapporte que le Prophète (ﷺ) a dit : « *Ayez un bon comportement avec les femmes, car la femme a été créée d'une côte (d'Adam), et le haut de la côte est le plus courbé. Si tu veux la redresser tu la brises, et si tu la laisses ainsi, elle ne cesse d'être courbée. Ayez donc un bon comportement avec les femmes.* »[1]

La femme a un manque dans sa religion et sa raison comme l'a montré le Prophète (ﷺ) dans le hadith rapporté par Abû Sa^cîd Al-Khudrî (ﷺ), lorsque le Prophète (ﷺ) s'est adressé aux femmes le jour de la fête du sacrifice en disant : « *Ô vous les femmes ! Donnez l'aumône car j'ai vu que vous étiez les plus nombreuses parmi les gens de l'Enfer.* » Elles dirent : « Et pourquoi, ô Messager d'Allah ? » Il dit : « *Vous maudissez beaucoup, vous reniez les bienfaits (que vos maris vous accordent) et je n'ai vu aucun être déficient dans sa raison et sa religion plus à même que vous à détourner l'homme raisonnable.* »[2]

Un être dont la raison est déficiente doit avoir à ses côtés quelqu'un qui le guidera sincèrement avec bonté et douceur, et saura fermer les yeux sur certaines de ses erreurs, comme dit le poète :

Pardonne à ton frère s'il voit juste et parfois commet une erreur
Ne le couvre pas de reproches s'il arrive qu'il s'égare ou se trompe
Qui donc ne se trompe jamais et qui donc est parfait ?

[1] Al-Bukhârî et Muslim.
[2] Al-Bukhârî.

Le droit au logement et la cohabitation

Le plus grand but du mariage est de baisser le regard et de préserver sa chasteté comme l'a montré le Prophète (ﷺ), que ce soit pour l'homme ou la femme. Beaucoup de femmes vivent chez elles de la plus enviable des façons en ce qui concerne la nourriture, la boisson, l'habillement, le repos et la quiétude. Mais la femme a été créée pour l'homme et en chacun des deux on trouve un penchant naturel vers le sexe opposé de manière à donner naissance à une descendance et perpétuer l'humanité. Il est stupide de croire que la femme ne se marie que pour la nourriture et le logement – même si cela peut exister chez certains pauvres, mais ce n'est qu'une conséquence et non un choix initial. C'est pour cela que le Législateur Sage a attiré l'attention sur leur droit en cela, « ***et ton Seigneur n'est injuste envers personne.*** »[1]

Anas ibn Mâlik (ﷺ) rapporte : « Un groupe de trois hommes vint se renseigner auprès des épouses du Prophète (ﷺ) sur ses adorations. Lorsqu'on les eut informés, cela leur sembla peu et ils dirent : « Que sommes-nous face au Prophète (ﷺ) ? Allah lui a pardonné ses péchés passés et futurs. » L'un dit : « Je prierai toutes les nuits (entières). » L'autre dit : « Je jeûnerai tous les jours. » Et le dernier dit : « Je m'éloignerai des femmes et ne me marierai jamais. » Le Prophète (ﷺ) vint alors les voir et dit : « *Est-ce vous qui avez dit ceci et cela ? Par Allah ! Je suis celui d'entre vous qui craint le plus Allah, mais je jeûne et je mange, je prie et je dors et j'épouse les femmes. Et celui qui s'écarte de ma Sunna n'est pas des miens.* »[2]

[1] ***Al-Kahf***, v.49.
[2] Al-Bukhârî.

ᶜAbd Allah ibn ᶜAmr (ﷺ) rapporte : « Mon père m'a marié à une femme d'une bonne lignée. Il visitait sa bru[1] et l'interrogeait sur son mari et elle répondait : « C'est un homme exemplaire, excepté le fait qu'il n'a jamais couché avec moi et que depuis que je suis avec lui il n'a pas cherché de logement. » Cela dura et il partit voir le Prophète (ﷺ) qui lui dit : « *Amène-le moi.* », et lorsqu'il vint il lui dit : « *Comment jeûnes-tu ?* » Je dis : « Je jeûne tous les jours. » Il dit : « *Comment lis-tu le Coran ?* » Je dis : « Je le lis entièrement toutes les nuits. » Il me dit : « *Jeûne trois jours par mois et lis le Coran une fois par mois…* »[2]

Dans une autre version du hadith : « Le Prophète (ﷺ) a entendu dire que je jeûnais tous les jours et priais toutes les nuits, et lorsque je l'ai rencontré il m'a dit : « *Ne m'a-t-on pas dit que tu jeûnais continuellement et que tu priais (toute la nuit) ? Jeûne et mange, prie et dors, tes yeux ont un droit sur toi, et ton âme et ta famille ont un droit sur toi…* »[3]

ᶜAwn ibn Abî Juwayfah (ﷺ) rapporte d'après son père : « Le Prophète (ﷺ) a établi des liens de fraternité entre Salmân et Abû Ad-Dardâ[4] (ﷺ). [Un jour], Salmân rendit visite à Abû Ad-Dardâ et il vit Umm Ad-Dardâ (ﷺ) [son épouse] dans un état négligé. Il lui dit : « Que t'arrive-t-il ? » Elle dit : « Ton frère Abû Ad-Dardâ n'a aucun désir en ce monde. » Salmân apporta un repas et dit à Abû Ad-Dardâ : « Mange ! » Il dit : « Je jeûne. » Il dit : « Je ne mangerai pas tant que tu n'auras pas mangé. » Il dit : « Dans ce cas je mange. » Lorsque vint la nuit, Abû Ad-Dardâ voulut se lever [pour prier], Salmân lui dit : « Dors ! » Il dormit un peu puis

---

1 La bru est la femme du fils, couramment appelée la belle-fille. [NdT]

2 Al-Bukhârî.

3 Al-Bukhârî.

4 Lorsque les *Muhâjirûn* sont arrivés à Médine, le Prophète (ﷺ) associait un *Muhâjir* et un *Anṣâr* afin de renforcer leurs liens fraternels et permettre l'entraide.[NdT]

voulut se lever, il lui dit de nouveau : « Dors ! » Et ce n'est qu'à la fin de la nuit que Salmân lui dit : « Lève-toi maintenant et prie ! Ton Seigneur a un droit sur toi, ton âme a un droit sur toi, ta famille a un droit sur toi, donne à chacun son droit. » Abû Ad-Dardâ se rendit chez le Prophète (ﷺ) et lui raconta ce qui s'était passé, et il dit : « *Salmân a dit vrai.* »[1]

Al-Hâfidh ibn Hajar a dit : « Ce hadith confirme le droit à la bonne cohabitation de l'épouse sur son mari, et on peut même en tirer le droit de l'épouse à jouir sexuellement de son mari dans la parole de Salmân « ta famille a un droit sur toi », puis il a dit [dans une autre version de ce même hadith] : « Honore ton épouse. » et le Prophète (ﷺ) a approuvé cela. »[2]

Remarque : Au vu des preuves qui ont précédé, il apparaît que la relation conjugale n'est pas semblable à la relation que l'on peut avoir avec son enfant, son frère ou son ami. C'est une relation interpersonnelle noble, débutée en conformité avec le Coran et la Sunna, basée sur l'amour et l'affection. Allah (ﷻ) dit : « ***Elles sont un vêtement pour vous et vous êtes un vêtement pour elles.*** »[3]

Mais pour que chacun des deux époux profitent de cette belle cohabitation, les caresses et le jeu sont nécessaires. Le Prophète (ﷺ) a dit : « « *Pourquoi n'as-tu pas épousé une jeune fille afin que tu joues avec elle et qu'elle joue avec toi ?* »[4] L'absence de jeu peut amener la femme à fuir cet homme plaisant, arborant une belle barbe et de belle apparence, et à le regarder avec mépris en raison de ce qu'il fait. Ceci, car elle n'éprouve pas ce qu'il éprouve. On dit aussi que négliger le jeu est un signe de rudesse

---

1 Al-Bukhârî.

2 *Al-Fath* (4/212).

3 Sourate ***Al-Baqarah***, v.187.

4 Al-Bukhârî.

et de sottise, car les caresses amènent un grand plaisir qui n'est pas moindre que celui du rapport intime en soi. Et si même les animaux le font, il convient a fortiori à l'homme de le faire. Et c'est Allah qui accorde le succès.

Dévoiler les secrets de l'épouse

Abû Sacîd Al-Khudrî (رضي الله عنه) rapporte que le Messager d'Allah (ﷺ) a dit : « *On compte parmi ceux qui auront le pire rang auprès d'Allah au Jour de la Résurrection, l'homme qui a des rapports intimes avec son épouse, puis qui dévoile par la suite les détails de leur relation intime.* »[1]

Dans une autre version du hadith : « *Une des plus grandes trahisons auprès d'Allah au Jour de la Résurrection, est le cas de l'homme qui a des rapports intimes avec son épouse, et qui dévoile par la suite les détails de leur relation intime.* »[2]

Les pratiques sexuelles interdites

Allah (تعالى) dit :

وَيَسْـَٔلُونَكَ عَنِ ٱلْمَحِيضِ ۖ قُلْ هُوَ أَذًى فَٱعْتَزِلُوا۟ ٱلنِّسَآءَ فِى ٱلْمَحِيضِ ۖ وَلَا تَقْرَبُوهُنَّ
حَتَّىٰ يَطْهُرْنَ ۖ فَإِذَا تَطَهَّرْنَ فَأْتُوهُنَّ مِنْ حَيْثُ أَمَرَكُمُ ٱللَّهُ ۚ إِنَّ ٱللَّهَ يُحِبُّ ٱلتَّوَّٰبِينَ وَيُحِبُّ
ٱلْمُتَطَهِّرِينَ ﴿٢٢٢﴾ نِسَآؤُكُمْ حَرْثٌ لَّكُمْ فَأْتُوا۟ حَرْثَكُمْ أَنَّىٰ شِئْتُمْ ۖ وَقَدِّمُوا۟ لِأَنفُسِكُمْ ۚ وَٱتَّقُوا۟
ٱللَّهَ وَٱعْلَمُوٓا۟ أَنَّكُم مُّلَٰقُوهُ ۗ وَبَشِّرِ ٱلْمُؤْمِنِينَ ﴿٢٢٣﴾

« ***Ils t'interrogent sur les menstrues. - Dis : « C'est une impureté. Ne cohabitez (le rapport sexuel) pas avec les femmes pendant les menstrues, et ne les approchez que lorsqu'elles sont***

[1] Muslim.
[2] Muslim.

en état de pureté. Quand elles se sont purifiées, cohabitez avec elles suivant les prescriptions d'Allah, car Allah aime ceux qui se repentent, et ceux qui se purifient. » Vos épouses sont pour vous un champ de labour, allez à votre champ comme [et quand] vous le voulez et accomplissez de bonnes actions. Craignez Allah et sachez que vous le rencontrerez. Et fais bonne annonce aux croyants ! »[1]

Al-Hâfidh ibn Kathîr (ﷺ) a dit : « Sa Parole « ***Ne cohabitez (le rapport sexuel) pas avec les femmes pendant les menstrues*** » signifie que la pénétration en période de menstrues est interdite, car le Prophète (ﷺ) dit : « *Faites tout (ce que vous voulez), sauf la pénétration.* » C'est pour cette raison que de nombreux savants, voire la majorité d'entre eux, sont d'avis qu'il est permis de jouir de la femme en état de menstrues en dehors de la pénétration. »

Anas (ﷺ) rapporte : « Lorsqu'une femme juive était en état de menstrues, ses coreligionnaires juifs ne mangeaient pas avec elle et ne restaient pas avec elles à la maison. Les Compagnons (ﷺ) ont interrogé le Prophète (ﷺ) à ce sujet et Allah a révélé : « ***Ils t'interrogent sur les menstrues. - Dis : "C'est une impureté. Ne cohabitez (le rapport sexuel) pas avec les femmes pendant les menstrues, et ne les approchez que lorsqu'elles sont en état de pureté. Quand elles se sont purifiées, cohabitez avec elles suivant les prescriptions d'Allah, car Allah aime ceux qui se repentent, et ceux qui se purifient".*** » Le Prophète (ﷺ) dit alors : « *Faites tout (ce que vous voulez), sauf la pénétration.* » Cela arriva aux oreilles des juifs qui dirent : « Cet homme veut nous contredire en toute chose. » Usayd ibn Hudhayr et ᶜAbbâd ibn Bishr se rendirent chez le Prophète (ﷺ) et dirent : « Ô Messager d'Allah, les juifs disent ceci et cela, pouvons-nous vraiment jouir d'elles ? » Le visage du Messager d'Allah (ﷺ) changea au point que nous pensions qu'il leur en voulait, et ils sortirent alors. Ils

[1] *Al-Baqarah,* v.222-223.

envoyèrent du lait en cadeau au Prophète (ﷺ) qui demanda qu'on aille les chercher, il les fit boire et ainsi ils surent qu'il ne leur en voulait pas. »[1]

L'interdiction de la sodomie

Jâbir (ﷺ) rapporte : « Les juifs disaient : « Si l'homme pénètre le vagin de son épouse par derrière, l'enfant naîtra avec un strabisme. » Allah (ﷻ) a alors révélé : « ***Vos épouses sont pour vous un champ de semence ; allez à votre champ comme [et quand] vous le voulez*** »[2]

Et dans une version Jâbir a ajouté : « S'il veut par derrière, ou autrement, mais toujours dans le vagin. »

Hammâm rapporte : « On a interrogé Qatâdah (ﷺ) à propos de celui qui pratique la sodomie avec son épouse, il répondit : « ᶜAmr ibn Shuᶜayb m'a rapporté d'après son père, d'après son grand-père, que le Prophète (ﷺ) a dit : « *C'est la petite homosexualité.* » Qatâdah ajouta : « ᶜUqbah ibn Wisâj m'a rapporté qu'Abû Ad-Dardâ a dit : « N'y a-t-il pas que le mécréant qui fait cela ? »[3]

Ibn ᶜAbbâs (ﷺ) rapporte : « ᶜUmar ibn Al-Khaṯṯâb (ﷺ) se rendit chez le Prophète (ﷺ) et lui dit : « Ô Messager d'Allah, je suis perdu ! » Il dit : « Et qu'est-ce qui t'a perdu ? » Il dit : « J'ai retourné ma monture la nuit dernière. » Et le Prophète (ﷺ) n'a rien répondu jusqu'à ce qu'Allah révèle ce verset : « ***Vos épouses sont pour vous un champ de semence ; allez à votre champ***

---

1 Muslim (302).
2 Muslim (1435).
3 Aḫmad (2/21), *ḫasan*.

comme [et quand] vous le voulez »[1] Il dit : « *Par devant, par derrière, mais éloigne-toi de la sodomie et des menstrues.* »[2]

Ibn ᶜAbbâs (ﷺ) rapporte : « Lorsque le verset « ***Vos épouses sont pour vous un champ de labour*** » a été révélé, un homme des *Ansârs* est venu interroger le Prophète (ﷺ) qui lui dit : « *Jouis d'elle comme tu le souhaites, tant que cela est dans le vagin.* »[3]

Jâbir ibn ᶜAbd Allah Al-Ansârî (ﷺ) rapporte que le Messager d'Allah (ﷺ) a dit : « *Soyez pudique mais sachez qu'Allah n'éprouve pas de gêne concernant la vérité : ne pratiquez pas la sodomie avec les femmes.* »[4]

Jâbir ibn ᶜAmr (ﷺ) rapporte que le Messager d'Allah (ﷺ) a dit : « Il est sept personnes, au Jour de la Résurrection, qu'Allah ne regardera pas et ne purifiera pas, et à qui Il dira : « Entrez en Enfer avec ceux qui y entrent » : celui qui sodomise et celui qui est sodomisé, celui qui se masturbe, celui qui sodomise un animal, celui qui sodomise une femme, celui qui a des rapports avec une femme et ses filles, celui qui fornique avec la femme de son voisin, et celui qui cause du tort à son voisin au point que celui-ci le maudit. »[5]

Abû Hurayrah (ﷺ) rapporte que le Prophète (ﷺ) a dit : « *[Le jour du jugement] Allah ne daignera pas regarder un homme qui a sodomisé son épouse.* »[6]

---

[1] Muslim (1435).

[2] Ahmad (1/297), cette chaîne de transmission est *da'îf*, mais on peut citer ce hadith pour en appuyer d'autres.

[3] Ahmad (1/268).

[4] Ad-Dâraqutnî (3708).

[5] Ce hadith a été cité par Al-Hâfidh ibn Kathîr dans son *tafsîr*, à la suite du verset, puis il a montré sa faiblesse et la possibilité de l'utiliser pour appuyer d'autres hadiths.

[6] Ahmad (2/444) mais la chaîne de transmission contient Hârith ibn Mukhallad qui est inconnu.

Tous ces hadiths contiennent des faiblesses, mais dans l'ensemble et étant donné leurs différentes voies de transmission, ils montrent l'interdiction de la sodomie.

À propos de Sa Parole (ﷻ) : « ***Cohabitez avec elles suivant les prescriptions d'Allah*** »[1]

Ibn Al-Qayyim (رحمه الله) a dit : « Le verset montre l'interdiction de la sodomie de deux manières : la première est qu'Il a permis de jouir du champ de labour qui est le lieu de la procréation contrairement au rectum qui est le lieu de l'impureté. Et le sens de Sa parole « ***suivant les prescriptions d'Allah*** » est donné dans le verset « ***allez à votre champ comme vous le voulez*** ». Ce verset montre également que l'on peut la pénétrer dans le vagin par derrière, car Il dit : « ***comme vous le voulez*** », C'est-à-dire comme vous le désirez, par devant ou par derrière. Ibn ᶜAbbâs (رضي الله عنه) a dit : « ***allez à votre champ*** » signifie le vagin.

Si Allah (ﷻ) a interdit le vagin en raison d'une impureté occasionnelle, alors qu'en est-il du rectum qui est nécessairement impur ?

La femme a un droit de jouissance sur son mari dans l'acte sexuel, et la sodomie lui fait perdre ce droit et n'assouvit pas son désir.

Le rectum n'est pas prédisposé pour le coït, et il n'a pas été créé pour cela, au contraire du vagin. Ceux qui s'en écartent pour préférer le rectum sortent de la sagesse d'Allah et de Sa législation.

La sodomie est néfaste pour l'homme, c'est pourquoi les grands médecins le déconseillent. Ceci car le vagin a pour fonction d'aspirer le sperme éjaculé et d'en libérer l'homme, et la

---

[1] *Al-Baqarah*, v.222.

sodomie ne permet pas cela. Tout le sperme éjaculé ne sort pas en raison de cette pratique contre-nature.

Étant contre-nature, cette position amène également à réaliser des mouvements fatigants.

Le rectum est aussi le lieu des impuretés, et par cette pratique l'homme y fait face et s'en rapproche.

Elle est aussi néfaste pour la femme, car cela est contre nature et la fait fuir.

Cela amène les soucis, l'angoisse, l'aversion envers ceux qui la pratiquent et qui la subissent.

Cela assombrit le visage et la poitrine, éteint la lumière du cœur et grave de la désolation sur le visage, signe que reconnaît quiconque a un peu de perspicacité.

Cela amène l'aversion, la haine et la rupture entre ceux qui pratiquent la sodomie et ceux qui la subissent.

Cela corrompt l'état de ceux qui la pratique d'une manière dont on espère peu qu'ils s'améliorent, sauf si Allah le veut, par un repentir sincère.

Cela chasse d'eux le concept de beauté et attire sur eux la laideur, de même que cela chasse l'affection entre eux et la change en haine et malédiction.

Cela fait partie des plus grandes causes de disparition des bienfaits et de l'apparition des malheurs. Cela amène la malédiction et l'aversion d'Allah (ﷻ), Son éloignement, et le fait qu'Allah ne le regardera pas. Quel bien peut-on espérer après cela ? De quel mal peut-on être préservé ? Quel peut être la vie du serviteur qui s'est attiré la malédiction d'Allah et Son aversion et dont Allah Se détourne et ne regarde pas ?

Cette pratique détruit la pudeur et la pudeur est la vie du cœur. Lorsqu'elle disparaît du cœur, celui-ci considère mauvais ce qui est bon, et considère bon ce qui est mauvais, et ainsi sa perversité se renforce.

La sodomie pervertit la saine nature humaine, en transformant cette saine nature selon laquelle Allah (ﷻ)a créé l'homme vers une autre dont même les animaux ne jouissent pas. Au contraire, c'est une pratique contre nature, et lorsque la nature se pervertit, le cœur en fait de même, tout comme les actes et la droiture. A ce moment, la personne se rendant coupable d'un tel acte se complaira dans les mauvais actes et les apparences ignobles, son état, ses actes et ses paroles se corrompront sans qu'il ne s'en rende compte.

Cela amène l'indécence et l'insolence plus que toute autre chose.

Cela amène l'humiliation, l'avilissement et le mépris plus que toute autre chose.

Cela amène l'aversion, la haine croissante des gens, leur mépris, et ceci est visible.

Que les éloges et le salut d'Allah soient sur celui dans la voie duquel réside la réussite dans ce monde et dans l'au-delà,; et dont la perte dans ce monde et dans l'au-delà, réside dans le refus de sa voie et de la conformité à sa sunna. »[1]

---

1 *Zâd Al-Ma^câd* (4/261).

Instruire et éduquer l'épouse

Hind bint Hârith Al-Firâsiyyah rapporte qu'Umm Salamah (رضي الله عنها) a dit : « Le Prophète (ﷺ) s'est levé une nuit apeuré et a dit : « *Gloire à Allah ! Combien de trésors Allah a-t-il descendus ? Combien de tentations ? Qui réveillera les habitantes de ces appartements – c'est-à-dire ses épouses afin qu'elles prient – Combien de femmes sont vêtues en ce monde et nues dans l'au-delà !* »[1]

La Mère des croyants, Juwayriyah (رضي الله عنها), rapporte que le Prophète (ﷺ) est sorti de chez elle de bonne heure pour la prière du *Fajr*, alors qu'elle était dans son lieu de prière. Lorsqu'il est revenu, après le lever du soleil, elle était toujours assise au même endroit, il lui dit : « *Tu n'as pas bougé de cet endroit depuis que je t'y ai laissée ?* » Elle répondit : « Non. » Il dit : « *J'ai dit après toi quatre paroles, trois fois, si on les comparait avec ce que tu as dit aujourd'hui, elles seraient plus lourdes : Gloire et louange à Allah autant de fois [que l'univers compte de] Ses créatures, autant de fois qu'il faut pour Le satisfaire, égal au poids de Son Trône et au nombre indéterminé de Ses paroles.* »[2]

ʿÂ'ishah (رضي الله عنها) rapporte : « Le Prophète (ﷺ) est revenu de voyage alors que j'avais recouvert une partie des murs de mes appartements avec un drap contenant des images. Lorsque le Prophète (ﷺ) le vit, il le déchira et l'expression de son visage changea, il dit : « *Ô ʿÂ'ishah, ceux qui auront le pire châtiment au Jour de la Résurrection sont ceux qui imitent la création d'Allah.* »[3]

ʿÂ'ishah (رضي الله عنها) rapporte : « Un groupe de juifs est entré chez le Prophète (ﷺ) et ont dit : « Que la mort (*As-Sâm*) soit sur toi. » Je compris ce qu'ils avaient dit et moi je répondis : « Que la mort et la malédiction soient sur vous ! » Le Messager d'Allah (ﷺ) dit :

---

[1] Al-Bukhârî.

[2] Muslim.

[3] Al-Bukhârî et Muslim.

« *Doucement* *ᶜÂ'ishah ! Allah aime la douceur en toute chose.* » Je dis : « Ô Messager d'Allah, n'as-tu pas entendu ce qu'ils ont dit ? » Le Prophète (ﷺ) dit : « *(Si) et je leur ai répondu : et qu'elle soit sur vous.* »[1]

ᶜÂ'ishah (ﷺ) rapporte : « J'ai dit au Prophète (ﷺ) : « Safiyyah est comme ceci et cela. » — C'est-à-dire petite. Il dit : « *Tu as prononcé une parole qui, si elle avait été mélangée à l'eau de la mer, elle l'aurait souillée.* » Elle dit également : « On lui a parlé de quelqu'un et il a répondu : « *Je n'aime pas que l'on me raconte ceci et cela sur untel.* »[2]

Juwayriyyah bint Al-Hârith (ﷺ) rapporte que le Prophète (ﷺ) est entré un vendredi chez elle, alors qu'elle jeûnait. Il lui dit : « *As-tu jeûné hier ?* » Elle dit : « Non. » Il dit : « *Jeûneras-tu demain ?* » Elle dit : « Non. » Il dit : « *Alors romps ton jeûne.* »[3]

L'enseignement est la meilleure méthode que peut employer l'homme pour éduquer son épouse. Ainsi, il obtient une récompense pour lui avoir enseigné une partie de sa religion, une récompense pour son bon comportement, car la science éduque. La science du Coran et de la Sunna éduque l'épouse, les enfants, la famille et toute la société, car la religion appelle à la rectification, l'affection, la miséricorde et l'union. Et l'injustice entre les musulmans, leur éloignement, leur transgression des droits d'autrui ne sont dus qu'à une ignorance de la Législation. Nous demandons à Allah (ﷻ) qu'Il accorde la clairvoyance aux enfants des musulmans et les fasse revenir pleinement au Coran et à la Sunna.

---

1 Al-Bukhârî.
2 Abû Dâwûd, et également *As-Sahîh Al-Musnad mimmâ laysa fî As-Sahîhayn.*
3 Al-Bukhârî.

Les étapes dans l'éducation

Allah (ﷻ) dit :

ٱلرِّجَالُ قَوَّٰمُونَ عَلَى ٱلنِّسَآءِ بِمَا فَضَّلَ ٱللَّهُ بَعۡضَهُمۡ عَلَىٰ بَعۡضٖ وَبِمَآ أَنفَقُواْ مِنۡ
أَمۡوَٰلِهِمۡۚ فَٱلصَّٰلِحَٰتُ قَٰنِتَٰتٌ حَٰفِظَٰتٞ لِّلۡغَيۡبِ بِمَا حَفِظَ ٱللَّهُۚ وَٱلَّٰتِي تَخَافُونَ
نُشُوزَهُنَّ فَعِظُوهُنَّ وَٱهۡجُرُوهُنَّ فِي ٱلۡمَضَاجِعِ وَٱضۡرِبُوهُنَّۖ فَإِنۡ أَطَعۡنَكُمۡ
فَلَا تَبۡغُواْ عَلَيۡهِنَّ سَبِيلًاۗ إِنَّ ٱللَّهَ كَانَ عَلِيّٗا كَبِيرٗا ٣٤

« ***Les hommes ont autorité sur les femmes, en raison des faveurs qu'Allah leur accorde, et aussi à cause des dépenses qu'ils font de leurs biens. Les femmes vertueuses obéissent (à Allah), et préservent ce qui doit être préservé (même en l'absence de leurs époux), avec l'aide d'Allah. Et quant à celles dont vous craignez la désobéissance, exhortez-les, (si elles persistent) ne dormez plus avec elles, (et si elles persistent) frappez-les. Si elles vous obéissent, cessez vos réprimandes, car Allah est certes, Élevé et Grand !*** »[1]

Jâbir ibn ᶜAbdillah (رضي الله عنه) rapporte que le Prophète (ﷺ) a dit dans son pèlerinage d'adieu : « *Craignez Allah dans votre comportement envers les femmes, car elles sont comme des captives auprès de vous. Votre droit sur elles est qu'elles ne permettent à aucune personne que vous détestez de s'asseoir sur vos couches, et si elles le font corrigez-les sans violence. Et leur droit sur vous est que vous soyez bons avec elles, les nourrissiez et les vêtissiez de la meilleure manière.* »[2]

---

[1] Sourate ***An-Nisâ'***, v.34.

[2] *Tafsîr Al-Qur'ân Al-ᶜAdhîm* (2/350).

Où doit-on s'écarter de son épouse ?

وَٱهْجُرُوهُنَّ فِي ٱلْمَضَاجِعِ

« ***Ne dormez plus avec elles*** »

Certains savants ont dit : l'éloignement dans ce verset désigne l'abstinence du rapport sexuel, C'est-à-dire qu'il dort avec elle mais n'a pas de rapport sexuel.

D'autres ont dit qu'il ne fallait plus lui adresser la parole.

D'autres encore sont d'avis qu'il ne faut plus dormir avec elle.

Et la majorité des savants est d'avis que cela désigne le fait de ne pas rentrer et rester chez elle, d'après ce qui est apparent du verset, et c'est l'avis d'Al-Hâfidh ibn Hajar[1].

Quant aux hadiths évoquant cet éloignement (ils sont nombreux) et nous en citerons ici quelques-uns :

Anas (ﷺ) rapporte que le Messager d'Allah (ﷺ) s'est écarté de ses épouses pendant un mois, et il est resté dans une pièce[2] qu'il possédait. Au vingt-neuvième jour il revint, on lui dit alors : « Ô Messager d'Allah, tu avais dit un mois ? » Il dit : « *Le mois est de vingt-neuf jours.* »[3]

Umm Salamah (ﷺ) rapporte que le Prophète (ﷺ) a juré de ne pas rentrer chez ses femmes pendant un mois. Au vingt-neuvième jour, il déjeuna – ou se reposa – avec elles. On lui dit : « Ô Prophète d'Allah, tu as juré de ne pas rentrer chez elles pendant un mois ? » Il dit : « *Le mois a vingt-neuf jours.* »[4]

---

1 *Al-Fath* (9/301).

2Dans le hadith : « *mashrabah* » qui désigne le lieu où l'on stocke les boissons. [NdT]

3 Al-Bukhârî.

4 Al-Bukhârî.

H̲akîm ibn Muᶜâwiyah Al-Qushayrî (ﷺ) rapporte d'après son père : « J'ai dit : « Ô Messager d'Allah, quel est le droit de nos épouses sur nous ? » Il dit : « *Que tu la nourrisses lorsque tu manges, que tu la vêtisses lorsque tu te vêtis, que tu évites le visage en la corrigeant, que tu ne l'insultes pas, et que tu ne t'éloignes d'elle que dans la maison.* »[1]

Le hadith précédent montre que le Prophète (ﷺ) s'est écarté de ses épouses en dehors de la maison tandis que ce dernier hadith montre que cela n'est pas permis en dehors de la maison. On peut concilier les deux hadiths en disant que cela change en fonction des situations : s'il est nécessaire de s'éloigner en dehors de la maison, on peut le faire, sinon cela se fait dans la maison. Al-Bukhârî a penché pour le hadith d'Anas (ﷺ) en disant qu'il était le plus authentique, comme s'il était d'avis de mettre en pratique le hadith d'Anas qui est de s'éloigner en dehors de la maison. Et Allah est plus savant.

ᶜAbd Allah ibn Zumᶜah (ﷺ) rapporte qu'il a entendu le Messager d'Allah (ﷺ) dire dans un sermon : « *Comment l'un d'entre vous peut-il frapper son épouse comme on frappe un esclave pour ensuite dormir avec elle à la fin de la journée !* »[2]

L'interdiction absolue de frapper le visage

H̲akîm ibn Muᶜâwiyah Al-Qushayrî (ﷺ) rapporte d'après son père : « J'ai dit : « Ô Messager d'Allah, quel est le droit de nos épouses sur nous ? » Il dit : « *Que tu la nourrisses lorsque tu manges, que tu la vêtisses lorsque tu te vêtis, que tu évites le visage en la corrigeant, que tu ne l'insultes pas, et que tu ne t'éloignes d'elle que dans la maison.* »[3]

---

[1] Abû Dâwûd (2142), hadith *h̲asan*.
[2] Al-Bukhârî et Muslim.
[3] Abû Dâwûd (2142), hadith *h̲asan*.

Abû Hurayrah (ﷺ) rapporte que le Prophète (ﷺ) a dit : « *Si l'un d'entre vous frappe son frère, qu'il ne touche pas son visage.* »[1]

Répondre à leurs interrogations sans les mépriser

Ibn Abî Mulaîkah rapporte que cÂ'ishah (ﷺ) n'entendait rien qu'elle ne comprenait pas sans chercher à savoir ce que cela signifiait. Elle entendit le Prophète (ﷺ) dire : « *Celui [dont toutes les actions] sont minutieusement énumérées sera châtié.* ». cÂ'ishah dit : « Allah ne dit-Il pas :

فَأَمَّا مَنْ أُوتِىَ كِتَٰبَهُۥ بِيَمِينِهِۦ ﴿٧﴾ فَسَوْفَ يُحَاسَبُ حِسَابًا يَسِيرًا ﴿٨﴾

« ***Celui qui recevra son livre dans la main droite, aura un jugement facile*** »[2]

Il dit : « *Ce verset concerne ceux dont les actions leur seront présentées [sans entrer dans les détails]. Quant à celui dont les actions seront minutieusement énumérées, il sera perdu.* »[3]

cÂ'ishah (ﷺ) rapporte : « J'ai dit : « Ô Messager d'Allah, où seront les enfants des musulmans ? » Il dit : « *Avec leurs pères.* » Je dis : « Ô Messager d'Allah, même sans œuvre ? » Il dit : « *Allah sait mieux ce qu'ils auraient fait.* » Je dis : « Ô Messager d'Allah, et les enfants des polythéistes ? » Il dit : « *Ils seront avec leurs pères.* » Je dis : « Ô Messager d'Allah, même sans œuvre ? » Il dit : « *Allah sait mieux ce qu'ils auraient fait.* »[4]

Remarque : Shaykh Abû cAbd Ar-Raḫmân Muqbil ibn Hâdî Al-Wâdicî a dit : « C'est un hadith dont la chaîne de transmission est authentique. Quant au sens qu'il porte, il nous informe sur l'état [de ces enfants] sur terre […] Quant à leur état dans l'au-

[1] Muslim.
[2] *Al-Inshiqâq*, v.7-8.
[3] Al-Bukhârî.
[4] Abû Dâwûd.

delà, ils seront [tous] au Paradis comme il est rapporté dans le hadith de Samurah ibn Jundub. »[1]

ᶜÂ'ishah (ﷺ) rapporte : « J'ai dit : « Ô Messager d'Allah, je connais le verset le plus dur du Livre d'Allah. » Il dit : « *Et quel est-il, ô ᶜÂ'ishah ?* » Je dis : La Parole d'Allah (ﷻ) :

مَن يَعْمَلْ سُوٓءًا يُجْزَ بِهِۦ

« ***Quiconque fait du mal sera rétribué pour cela.*** »[2]

Il dit : « *Ne sais-tu pas, ô ᶜÂ'ishah, que la moindre épreuve ou épine qui atteint le musulman expie ses mauvaises actions, et celui [dont les actions] sont minutieusement énumérées sera châtié ?* » Je dis : « Allah ne dit-Il pas :

فَأَمَّا مَنْ أُوتِىَ كِتَٰبَهُۥ بِيَمِينِهِۦ ﴿٧﴾ فَسَوْفَ يُحَاسَبُ حِسَابًا يَسِيرًا ﴿٨﴾

« ***Celui qui recevra son livre dans la main droite, aura un jugement facile*** »[3]

Il dit : « *Ce verset concerne ceux dont les actions leur seront présentées [sans entrer dans les détails]. Quant à celui dont les actions seront minutieusement énumérées, il sera perdu* »[4]

Zaynab bint Ja<u>h</u>sh (ﷺ) rapporte que le Prophète (ﷺ) est entré chez elle apeuré et a dit : « *Il n'y a de divinité digne d'être adorée qu'Allah ! Malheur aux arabes en raison du mal qui s'approche. Aujourd'hui une brèche de cette taille* — et il a joint son pouce et son index — *s'est ouverte dans le mur [qui enferme] Gog et Magog.* » Je dis : « Ô Messager d'Allah, périrons-nous alors qu'il y a des pieux parmi nous ? » Il dit : « *Oui, si la perversité se répand.* »[5]

---

[1] *As-Sahîh Al-Musnad* (2/464).
[2] Sourate ***An-Nisâ'***, v.123.
[3] Sourate ***Al-Inshiqâq***, v.7-8.
[4] Abû Dâwûd sous cette forme, authentifié par shaykh Muqbil.
[5] Al-Bukhârî et Muslim.

ᶜÂ'ishah (رضي الله عنها) rapporte que Salmâ, la servante du Messager d'Allah, vint à lui se plaindre qu'Abû Râfiᶜ l'avait frappée. Le Messager d'Allah (ﷺ) dit à Abû Râfiᶜ : « *Que lui veux-tu ô Abû Râfiᶜ ?* » Il dit : « Elle me cause du tort, ô Messager d'Allah. » Le Prophète (ﷺ) dit : « *Par quoi lui causes-tu du tort, ô Salmâ ?* » Elle dit : « Ô Messager d'Allah, je ne lui ai rien fait mais il a émis un gaz pendant la prière, alors je lui ai dit : « Ô Abû Râfiᶜ, le Messager d'Allah a ordonné aux musulmans, lorsqu'ils émettent un gaz, de refaire leurs ablutions. » C'est alors qu'il s'est levé et m'a frappé. » Le Messager d'Allah (ﷺ) se mit à rire et dit : « *Ô Abû Râfiᶜ, elle ne t'a ordonné que le bien.* »[1]

Etre doux avec son épouse

Allah (تعالى) décrit les croyants en disant :

يَـٰٓأَيُّهَا ٱلَّذِينَ ءَامَنُوا۟ مَن يَرْتَدَّ مِنكُمْ عَن دِينِهِۦ فَسَوْفَ يَأْتِى ٱللَّهُ بِقَوْمٍ يُحِبُّهُمْ وَيُحِبُّونَهُۥٓ أَذِلَّةٍ عَلَى
ٱلْمُؤْمِنِينَ أَعِزَّةٍ عَلَى ٱلْكَـٰفِرِينَ يُجَـٰهِدُونَ فِى سَبِيلِ ٱللَّهِ وَلَا يَخَافُونَ لَوْمَةَ لَآئِمٍ ۚ ذَٰلِكَ فَضْلُ ٱللَّهِ
يُؤْتِيهِ مَن يَشَآءُ ۚ وَٱللَّهُ وَٰسِعٌ عَلِيمٌ ﴿٥٤﴾

« ***Ô vous les croyants ! Quiconque parmi vous apostasie de sa religion (ne fera du tort qu'à lui-même). Allah suscitera un peuple qu'Il aime et qui L'aime, humble envers les croyants et fier et puissant envers les mécréants, qui lutte dans le sentier d'Allah, ne craignant aucun reproche. Telle est la grâce d'Allah qu'Il donne à qui Il veut. Allah est Immense et Omniscient.*** »[2]

Et le Prophète (ﷺ) a dit : « *Le meilleur d'entre vous est celui qui a le meilleur comportement.* »

---

1 Ahmad, hadith *hasan*.

2 *Al-Mâ'idah*, v.54.

Une marque de bestialité et d'oppression réside dans le comportement de l'homme qui se présente à son épouse à leur premier moment d'intimité en ne pensant qu'à assouvir son désir et à déflorer sa virginité. C'est là une des plus grandes causes qui vont l'amener à le fuir, et ce pour un long moment. Il doit au contraire lui montrer que ce qu'il y a entre eux est plus important que cela.

Jâbir ibn ᶜAbd Allah (ﷺ) rapporte que Prophète (ﷺ) lui a dit : « *Pourquoi n'as-tu pas épousé une jeune fille afin que tu joues avec elle et qu'elle joue avec toi ?* »[1]

ᶜUrwah ibn Zubayr rapporte que ᶜÂ'ishah (ﷺ) a dit : « Par Allah ! J'ai vu le Prophète (ﷺ) se mettre à la porte de mes appartements et me cacher de son *ridâ* afin que je puisse regarder les Abyssins jouer avec leurs armes dans la mosquée. Puis il ne se levait que lorsque je décidais de quitter les lieux. Prenez donc en considération les désirs des jeunes filles qui aiment les divertissements. »[2]

ᶜÂ'ishah (ﷺ) rapporte : « Le Messager d'Allah (ﷺ) m'a devancée une fois à la course et moi une autre. Je l'ai devancé lorsque j'étais (jeune et) frêle, puis il m'a devancée lorsque j'ai pris du poids. C'est alors qu'il m'a dit : « *C'est ma revanche pour la dernière fois.* »[3]

ᶜÂ'ishah (ﷺ) rapporte : « Le Prophète (ﷺ) et moi buvions du même verre alors que j'étais en état de menstrues. Il posait ses lèvres à l'endroit où j'avais posé les miennes. Je mordais dans un morceau de viande et il le prenait et mettait sa bouche là où j'avais posé la mienne. »[4]

---

1 Al-Bukhârî.

2 Al-Bukhârî et Muslim.

3 Abû Dâwûd, hadith *ṣaḥîḥ*.

4 Muslim.

ᶜÂ'ishah (ﷺ) rapporte : « Le Prophète (ﷺ) et moi nous lavions dans le même bac, sans rien pour nous séparer. Il ne cessait de s'approcher de moi (par jeu), au point que je dise : « Laisse-moi, laisse-moi. » alors que nous étions tous deux en état de grande impureté. »[1]

ᶜÂ'ishah (ﷺ) rapporte : « Le Prophète (ﷺ) s'appuyait sur mon giron alors que j'étais en état de menstrues et il récitait le Coran. »[2]

S'embellir pour son épouse

Allah (ﷻ) dit :

وَلَهُنَّ مِثْلُ ٱلَّذِى عَلَيْهِنَّ بِٱلْمَعْرُوفِ

« ***Elles ont des droits équivalents à leurs obligations*** »[3]

Al-H̲âfid̲h̲ ibn Kathîr (ﷺ) a dit en commentaire de ce verset : « C'est-à-dire qu'elles ont autant de droits sur les hommes qu'ils en ont sur elles. Que chacun donne à l'autre son droit, de la meilleure manière... Wakîᶜ a rapporté d'après Bashîr ibn Sulaymân, d'après ᶜIkrimah, qu'Ibn ᶜAbbâs (ﷺ) a dit : « J'aime m'embellir pour mon épouse tout comme j'aime qu'elle s'embellisse pour moi, car Allah dit : « ***Quant à elles, elles ont des droits équivalents à leurs obligations*** »

Le fait que l'homme s'embellisse aide son épouse à baisser son regard et à unir leurs cœurs. Certains hommes ne viennent à leurs épouses qu'en étant décoiffés, couverts de poussière, dégageant une odeur nauséabonde. Et lorsqu'ils se lavent et se parfument, ils sortent pour aller retrouver leurs amis, revenant chez eux comme ils étaient au départ, sous cette apparence qui

---

1 Muslim.

2 Al-Bukhârî.

3 *Al-Baqarah*, v.228.

répugne le cœur et écœure les âmes. Ainsi, de la même manière que tu attends de ton épouse qu'elle se présente à toi sous une belle apparence et dégageant l'odeur d'un bon parfum, elle attend la même chose de toi, car comme toi, elle a des sentiments et des émotions.

Que les hommes craignent Allah en eux-mêmes et dans leur comportement avec leurs épouses.

Aider son épouse dans les tâches ménagères

On a demandé à cÂ'ishah (رضي الله عنها) : « Que faisait le Prophète (ﷺ) chez lui ? » Elle dit : « Il était au service de sa famille et lorsque venait l'heure de la prière, il partait prier. »[1]

Al-Qâsim rapporte qu'on a demandé à cÂ'ishah (رضي الله عنها) : « Que faisait le Prophète (ﷺ) chez lui ? » Elle dit : « C'était un homme comme les autres : il nettoyait ses vêtements, trayait ses bêtes et s'occuper seul de sa propre personne. »[2]

cUrwah rapporte qu'on a demandé à cÂ'ishah (رضي الله عنها) : « Que faisait le Prophète (ﷺ) chez lui ? » Elle dit : « Il cousait ses vêtements, réparait ses chaussures et faisait ce que font les hommes chez eux. »[3]

Aider son épouse est particulièrement recommandé quand l'épouse est une étudiante en sciences religieuses, qui a vraiment besoin que son mari l'aide à éduquer et à s'occuper des enfants, afin qu'elle puisse étudier le Coran et la Sunna, ce qui lui permettra d'appliquer sa religion et l'aidera à élever correctement ses enfants. Nous demandons à Allah qu'Il guide nos maris.

---

[1] Al-Bukhârî.

[2] Ahmad, hadith *sahîh*.

[3] Ahmad, hadith *sahîh*.

La jalousie de l'époux pour son épouse

Al-Hâfidh ibn Hajar (ﷺ) rapporte qu'Al-Qâdhî ᶜIyad et d'autres ont dit : « La jalousie (*ghîrah*) vient de l'altération de l'état du cœur mélangé à de la colère, en raison d'un partage de ce qui doit être exclusif. Le summum de ce type de jalousie est atteint entre les époux, ceci en ce qui concerne la jalousie vis-à-vis de l'être humain. Vis-à-vis d'Allah, Al-Khattâbî a dit : « La meilleure explication qui ait été donnée est rapportée dans le hadith d'Abû Hurayrah (ﷺ). »

Le hadith en question est le suivant : Le Prophète (ﷺ) a dit : « *Allah est jaloux, et Sa jalousie est suscitée lorsque le croyant fait ce qu'Allah a interdit.* »

Le sens de la jalousie [de l'époux envers l'épouse] est qu'il la protège de discuter avec des étrangers ou de se montrer devant eux. Et le sens n'est nullement qu'il l'accuse dans sa religion et son honneur et l'épie. Et nous avons dans le Messager d'Allah (ﷺ) et les Compagnons (ﷺ) un excellent modèle. Voici quelques exemples de leur jalousie :

Al-Mughîrah rapporte que Saᶜd ibn ᶜUbâdah (ﷺ) a dit : « Si je voyais un homme avec mon épouse, je le trancherais d'un coup d'épée. » On rapporta cela au Prophète (ﷺ) qui dit : « *La jalousie de Saᶜd vous étonne-t-elle ? Je suis plus jaloux que lui et Allah est plus jaloux que moi. Et si vous saviez ce que je sais, vous ririez peu et pleureriez beaucoup.* »[1]

ᶜÂ'ishah (ﷺ) rapporte que le Messager d'Allah (ﷺ) a dit : « *Ô communauté de Muhammad ! Personne n'est plus jaloux qu'Allah lorsqu'Il voit Son serviteur ou sa servante forniquer. Ô communauté de Muhammad !* »[2]

---

[1] Al-Bukhârî (6846).
[2] Al-Bukhârî (5221).

Asmâ bint Abî Bakr (ﷺ) rapporte : « Az-Zubayr (ﷺ) m'a épousé alors qu'il n'avait sur terre, ni biens, ni esclave, ni rien du tout si ce n'est sa bête de somme et son cheval. Je m'occupais de donner du fourrage à son cheval, de le faire boire, de raccommoder les outres et je pétrissais le pain. Mais je ne faisais pas bien le pain, c'est pourquoi une de mes voisines des *Ansârs* le faisait pour moi, et elles étaient des femmes de bien. Je ramenais des noyaux du champ de Az-Zubayr – que le Prophète (ﷺ) lui avait donné – en les portant sur ma tête, et le champ était distant d'environ trois lieues. Un jour, alors que les noyaux étaient sur ma tête, j'ai rencontré le Prophète (ﷺ) avec un groupe de *Ansârs*, il m'a appelé puis m'a dit : « *Grimpe, grimpe !* » afin de me placer derrière lui (sur sa monture). J'ai eu honte de marcher avec les hommes et je me suis souvenu de la jalousie de Az-Zubayr qui était le plus jaloux des hommes. Le Prophète (ﷺ) vit que j'étais gênée et il s'en alla. Je me rendis alors chez Az-Zubayr et je lui dis : « J'ai rencontré le Prophète alors que je portais les noyaux sur ma tête, et il était avec un groupe de *Ansârs*. Il a fait agenouiller sa monture pour que je monte, mais j'étais gênée devant lui et me suis souvenu de ta jalousie. » Az-Zubayr dit : « Par Allah ! Le fait que tu portes les noyaux m'est plus pénible que le fait que tu sois montée avec lui. » Par la suite, Abû Bakr m'envoya un servant qui me déchargea de cette tâche, et c'était comme s'il m'avait affranchie. »[1]

Jâbir ibn ᶜAbd Allah (ﷺ) rapporte : « Le Prophète (ﷺ) a dit : « *Je suis entré au Paradis et j'y ai vu un château, je demandai : A qui est ce château ? On me dit :* « Il est à ᶜUmar. » *Je voulus y pénétrer mais je me suis souvenu de la jalousie de ᶜUmar.* » ᶜUmar ibn Al-Khattâb (ﷺ) dit : « Ô Messager d'Allah, que mes parents soient

---

[1] Al-Bukhârî.

sacrifiés pour toi, ô Prophète d'Allah, comment pourrais-je être jaloux contre toi ! »[1]

Abû Hurayrah (ﷺ) rapporte : « Alors que nous étions assis avec le Prophète (ﷺ), celui-ci dit : « *Alors que je dormais, je me suis vu au Paradis, et une femme faisait ses ablutions près d'un château. Je demandai : « A qui est-ce ? » On me dit :* « C'est à ᶜUmar. » *Je me suis alors souvenu de la jalousie de ᶜUmar et j'ai rebroussé chemin.* » ᶜUmar pleura et dit : « Ô Messager d'Allah ! Comment pourrais-je être jaloux contre toi ! »

C'est une marque de jalousie imposée par Allah que d'empêcher son épouse de dévoiler sa beauté à d'autres que ses proches (*Mahârims*)[2], comme le fait de se dévoiler devant les frères de l'époux et d'autres encore.

ᶜUqbah ibn ᶜÂmir (ﷺ) rapporte que le Messager d'Allah (ﷺ) a dit : « *Prenez garde à ne pas entrer chez les femmes !* » Un homme parmi les *Ansârs* dit : « « Ô Messager d'Allah, même pour le Hamû ? » Il dit : « *Le Hamû c'est la mort !* »[3]

L'imam An-Nawawî a dit : « *Al-Hamû* désigne les proches du mari autres que son père et ses enfants qui sont des *Mahârim* pour l'épouse et il leur est permis de rester seuls avec elle. Ceux-là ne sont pas de ceux que le Prophète (ﷺ) a comparés à la mort. La comparaison concerne plutôt les frères de l'époux, ses neveux, ses oncles et les enfants de ces derniers, et d'autres parmi ceux qui ne sont pas des *Mahârims*. Les gens sont très négligents sur cette question et il arrive que l'épouse reste seule avec le frère de son mari alors que le Prophète (ﷺ) l'a comparé à la mort et qu'il

---

1 Al-Bukhârî.

2 Les *Mahârims* sont les hommes que la femme ne peut définitivement pas épouser comme son père, son frère, son oncle, son beau-père, les fils de son mari… [NdT]

3 Al-Bukhârî et Muslim.

doit être le premier à qui l'on doit empêcher de voir son épouse parmi les étrangers. »[1]

C'est une marque de jalousie imposée par Allah [à tous] que de ne pas exposer l'épouse aux tentations, en restant longtemps absent ou en introduisant chez soi ce qu'Allah (ﷻ) a interdit comme la télévision et d'autres choses encore, et qu'il ne la pousse pas à sortir trop souvent au marché et ailleurs.

Parmi les droits de l'épouse

Allah (ﷻ) dit :

ٱلرِّجَالُ قَوَّٰمُونَ عَلَى ٱلنِّسَآءِ بِمَا فَضَّلَ ٱللَّهُ بَعْضَهُمْ عَلَىٰ بَعْضٍ وَبِمَآ أَنفَقُوا۟ مِنْ
أَمْوَٰلِهِمْ ۚ فَٱلصَّٰلِحَٰتُ قَٰنِتَٰتٌ حَٰفِظَٰتٌ لِّلْغَيْبِ بِمَا حَفِظَ ٱللَّهُ ۚ وَٱلَّٰتِى تَخَافُونَ
نُشُوزَهُنَّ فَعِظُوهُنَّ وَٱهْجُرُوهُنَّ فِى ٱلْمَضَاجِعِ وَٱضْرِبُوهُنَّ ۖ فَإِنْ أَطَعْنَكُمْ
فَلَا تَبْغُوا۟ عَلَيْهِنَّ سَبِيلًا ۗ إِنَّ ٱللَّهَ كَانَ عَلِيًّا كَبِيرًا ﴿٣٤﴾

« ***Les hommes ont autorité sur les femmes, en raison des faveurs qu'Allah leur accorde, et aussi à cause des dépenses qu'ils font de leurs biens. Les femmes vertueuses obéissent (à Allah), et préservent ce qui doit être préservé (même en l'absence de leurs époux), avec l'aide d'Allah. Et quant à celles dont vous craignez la désobéissance, exhortez-les, (si elles persistent) ne dormez plus avec elles, (et si elles persistent) corrigez-les. Si elles vous obéissent, cessez vos réprimandes, car Allah est certes, Elevé et Grand !*** »[2]

---

[1] *Sharh Muslim* (14/378).
[2] *An-Nisâ'*, v.34.

Mais cela ne veut pas dire que l'époux doit s'enorgueillir devant elle. Ce verset doit au contraire le pousser à faire preuve de plus de miséricorde encore envers elle, car c'est une femme faible et fragile qu'il a en face de lui. Il ne doit pas faire les éloges d'une autre femme devant elle. Il ne doit pas lever la main sur elle surtout en présence de la famille. Il doit cacher les problèmes qu'il y a entre lui et son épouse, et tout faire pour la préserver afin de ne pas briser son cœur, car il la meurtrirait en dévoilant ses problèmes à ses proches. Et la chose la plus grave, la plus laide et la plus mauvaise est de la frapper surtout en présence de ses enfants, afin que ces derniers ne la méprisent pas et que son autorité sur eux ne diminue pas, de sorte qu'elle ne puisse plus éduquer ses enfants convenablement. Souviens-toi donc lorsque tu lèves la main sur ton épouse, qu'Allah (تعالى) est plus fort que toi, et si ta force te pousse à être injuste envers elle, souviens-toi du pouvoir d'Allah sur toi.

Abû Masᶜûd Al-Anṣârî (رضي الله عنه) rapporte : « J'étais en train de corriger un de mes servants lorsque j'ai entendu une voix derrière moi qui disait : « *Sache Abû Masᶜûd qu'Allah a plus de pouvoir sur toi que tu n'en as sur lui.* » Je me suis retourné et il s'agissait du Messager d'Allah. Je lui dis : « Ô Messager d'Allah, le voilà affranchi et libre pour Allah. » Il dit : « *Si tu ne l'avais pas fait, le feu t'aurait brûlé – ou touché.* »[1]

Et prends garde à ne pas utiliser ton ascendant sur elle pour l'empêcher d'accomplir le bien. Tu dois plutôt être un soutien pour elle dans l'obéissance aux parents, le maintien des liens de parenté, la recherche de la science, l'accomplissement d'actes surérogatoires et d'autres actes de bien encore :

وَتَعَاوَنُوا عَلَى الْبِرِّ وَالتَّقْوَىٰ ۖ وَلَا تَعَاوَنُوا عَلَى الْإِثْمِ وَالْعُدْوَانِ ۚ

---

[1] Muslim.

« ***Entraidez-vous dans l'accomplissement des bonnes œuvres et l'éloignement des interdits, et ne vous entraidez pas dans le péché et la transgression.*** »[1]

Cette entraide contribuera à la construction du foyer et le développera, car cette vie sera basée sur l'entraide dans l'accomplissement de la Législation d'Allah (ﷻ) en conformité avec le Coran et la Sunna.

Abû Hurayrah (رضي الله عنه) rapporte que le Messager d'Allah (ﷺ) a dit : « *Celui qui ne remercie pas les gens, ne remercie pas Allah.* »[2]

Il fait partie des droits de l'épouse de la respecter, de lui donner de l'importance, de la louer elle et tout ce qu'elle peut accomplir. Car si tu lui montres que tu es content de ce qu'elle a accompli, cela la poussera à faire plus de bien encore.

De même, il faut respecter les sentiments de l'épouse vis-à-vis de ses co-épouses. Ainsi il ne faut pas en louer une en sa présence afin de la mettre en colère, ou la blâmer et risquer de briser son cœur. Et rappelle-toi constamment de la parole du Prophète (ﷺ) : « *Voulez-vous que je vous indique ce qui est meilleur que la prière, le jeûne ou l'aumône ?* » Les compagnons dirent : « Bien sûr, ô Messager d'Allah ! » Il dit : « *C'est le fait de réconcilier deux personnes. Quant au fait de semer la discorde entre deux personnes, c'est un acte qui détruit la religion.* »[3]

---

[1] *Al-Mâ'idah*, v.2.
[2] Abû Dâwûd, hadith sahîh.
[3] Abû Dâwûd, hadith sahîh.

La polygamie

Allah (ﷻ) dit :

فَٱنكِحُواْ مَا طَابَ لَكُم مِّنَ ٱلنِّسَآءِ مَثۡنَىٰ وَثُلَٰثَ وَرُبَٰعَۖ فَإِنۡ خِفۡتُمۡ أَلَّا تَعۡدِلُواْ فَوَٰحِدَةً

« ***Il vous est permis d'épouser deux, trois ou quatre femmes parmi celles qui vous plaisent, mais, si vous craignez de n'être pas justes avec celles-ci, alors n'en épousez qu'une seule.*** »[1]

La polygamie est-elle conseillée ? Cela n'est conseillé que dans le cas où le mari peut être juste envers toutes ses épouses, d'après la Parole d'Allah (ﷻ) : « ***mais, si vous craignez de n'être pas justes avec celles-ci, alors une seule.*** » et seulement s'il ne craint pas d'être tenté par elles jusqu'à délaisser le droit d'Allah sur lui et les actes d'adoration. Allah (ﷻ) dit :

يَٰٓأَيُّهَا ٱلَّذِينَ ءَامَنُوٓاْ إِنَّ مِنۡ أَزۡوَٰجِكُمۡ وَأَوۡلَٰدِكُمۡ عَدُوّٗا لَّكُمۡ فَٱحۡذَرُوهُمۡۚ

« ***Ô vous les croyants, vous avez dans vos épouses et vos enfants un ennemi [une tentation]. Prenez-y donc garde.*** »[2]

Il doit aussi être capable de les garder chastes et de les protéger afin que la perversité ne les attire pas. Or Allah (ﷻ) n'aime pas la perversité. Il doit être également assez riche pour subvenir à leurs besoins, car Allah (ﷻ) dit :

وَلۡيَسۡتَعۡفِفِ ٱلَّذِينَ لَا يَجِدُونَ نِكَاحًا حَتَّىٰ يُغۡنِيَهُمُ ٱللَّهُ مِن فَضۡلِهِۦۗ

« ***Et que ceux qui n'ont pas de quoi se marier restent chastes jusqu'à ce qu'Allah les enrichisse par Sa grâce.*** »[3]

---

1 *An-Nisâ'*, v.3.

2 *At-Taghâbûn*, v.14.

3 *An-Nûr*, v.33.

On a également interrogé Shaykh Muqbil ibn Hâdî Al-Wâdicî à propos de la polygamie, est-ce une sunna ? Il répondit : « Non, cela est permis mais ce n'est pas une sunna. »

Chaque épouse doit disposer d'un lieu privatif

Allah (سبحانه وتعالى) dit :

وَقَرْنَ فِي بُيُوتِكُنَّ

« ***Et restez dans vos maisons.*** »[1]

وَٱذْكُرْنَ مَا يُتْلَىٰ فِي بُيُوتِكُنَّ مِنْ ءَايَٰتِ ٱللَّهِ وَٱلْحِكْمَةِ

« ***Et mentionnez ce qui, dans vos foyers, est récité des versets d'Allah et de la sagesse.*** »[2]

يَٰٓأَيُّهَا ٱلَّذِينَ ءَامَنُوا۟ لَا تَدْخُلُوا۟ بُيُوتَ ٱلنَّبِيِّ إِلَّآ أَن يُؤْذَنَ لَكُمْ إِلَىٰ طَعَامٍ

« ***Ô vous les croyants ! N'entrez pas dans les demeures du Prophète, à moins qu'on vous y invite.*** »[3]

Allah (سبحانه وتعالى) a ainsi cité plusieurs maisons ou demeures et non pas une seule.

cÂ'ishah (رضي الله عنها) rapporte que le Prophète (ﷺ) demanda durant la maladie qui entraîna sa mort : « *Où serais-je demain ? Où serais-je demain ?* » désignant par là le jour de cÂ'ishah. Ses épouses lui permirent alors de demeurer où il le désirait. Il resta donc dans la maison de cÂ'ishah jusqu'à sa mort. Elle dit : « Il mourut le jour où il résidait [habituellement] chez moi. Allah prit son âme alors

---

[1] *Al-Ahzâb*, v.33.
[2] *Al-Ah̲zâb*, v.34.
[3] *Al-Ah̲zâb*, v.53.

que sa tête reposait entre ma gorge et ma poitrine et que ma salive s'était mélangeait à la sienne[1]. »[2]

Anas (ﷺ) rapporte : « Le Prophète (ﷺ) était chez l'une de ses femmes et une autre de ses épouses lui envoya un plat contenant de la nourriture. Celle chez qui le Prophète (ﷺ) résidait frappa la main du servant qui portait le plat et celui-ci se brisa. Le Prophète (ﷺ) réunit alors les morceaux du plat cassé et la nourriture et dit : « *Votre mère a fait une crise de jalousie.* » Il fit attendre le servant jusqu'à lui donner un plat de l'épouse chez laquelle il était, et il remplaça le plat cassé par un plat en bon état, alors que le plat cassé resta dans la maison où il fut cassé. »[3]

Ibn Abî Shaybah (ﷺ) a dit : « ᶜAbbâd ibn Al-ᶜAwâm m'a informé d'après Ghâlib qui dit : J'ai interrogé – ou on a interrogé – Al-H̲asan à propos d'un homme qui avait deux femmes dans une maison. Il répondit : « [Les pieux prédécesseurs] détestaient ce genre de comportement consistant à ce que l'époux ait des rapports intimes avec une de ses épouses en présence de l'autre. »[4] Et ce récit est authentique.

Ibn Qudâmah (ﷺ) a dit : « L'homme ne peut réunir deux femmes dans une même maison, grande ou petite, sans leur accord. Car cela amène entre elles inimitié et jalousie. Les loger en un même lieu amène l'opposition et la dispute, chacune d'entre elles entendant ou voyant les rapports intimes que l'époux entretient avec l'autre. Mais si elles sont d'accord, cela est permis, car ce droit leur revient et elles peuvent le délaisser.

---

[1] Juste avant que le Prophète (ﷺ) ne meurt, ᶜÂi'shah lui prépara un bâton de siwâk en mâchouillant son extrémité de manière à ce qu'il soit tendre et que le Prophète (ﷺ) puisse ainsi aisément se nettoyer les dents. C'est ainsi que sa salive se mélangea à celle du Prophète (e).

[2] Al-Bukhârî.

[3] Al-Bukhârî.

[4] *Al-Mus̲annaf* (4/388).

Il en est de même si elles acceptent qu'il dorme entre elles sous un même drap. Mais il n'est pas permis d'avoir un rapport sexuel avec l'une en un lieu ou l'autre peut les voir, même si elles l'acceptent, car c'est un abaissement, une stupidité et un manque d'honneur. »[1]

Al-Qurtubî (رحمه الله) a dit : « Il ne peut les réunir dans une même maison qu'avec leur accord. »[2]

Et dans *Al-Majmûc Sharh Al-Muhadhdhab* : « S'il a plusieurs épouses, il ne peut les loger dans un même lieu qu'avec leur accord, ou plutôt avec l'accord de chacune d'entre elle, car cela amène l'opposition entre elles. Et il ne doit pas avoir de rapports avec l'une en présence d'une autre car cela est un mauvais comportement et une mauvaise cohabitation. »[3]

Remarque : Chaque maison doit être séparée l'une de l'autre et ne pas avoir de lieu commun comme pour le repas. Cela apparaît dans le hadith précédent : « Une autre de ses épouses lui envoya un plat contenant de la nourriture. » Ce qui montre que chaque épouse mangeait indépendamment des autres. Mais si elles veulent se réunir pour manger, il n'y a aucun problème. Et Allah est plus savant.

Ce que doit faire l'époux le lendemain de la nuit de noce

Anas (رضي الله عنه) rapporte : « Lorsque le Prophète (ﷺ) eut consommé le mariage avec Zaynab bint Jahsh (رضي الله عنها), il invita les gens à un repas composé de pain et de viande. Puis il rendit visite aux mères des croyants comme il le faisait à chaque lendemain de noce, il les saluait et invoquait Allah pour elles, et elles le saluaient et invoquaient Allah pour lui. »

1 *Al-Mughnî* (7/26).
2 *Jâmic Ahkâm Al-Qur'ân* (17/217).
3 *Al-Majmûc* (16/415)

Combien de temps doit-on rester avec la jeune fille et la femme qui se remarie après les noces ?

Anas (رضي الله عنه) rapporte : « La Sunna, lorsqu'un homme épouse une jeune fille est qu'il reste chez elle sept jours consécutifs puis partage ses nuits entre ses épouses. S'il épouse une femme qui a déjà été mariée, il reste chez elle trois jours consécutifs, puis partage ses nuits entre ses épouses. »[1]

Abû Qilâbah a dit : « On peut même attribuer cette parole au Prophète (ﷺ). »

Umm Salamah (رضي الله عنها) rapporte que lorsque le Prophète (ﷺ) l'a épousée, il est resté chez elle trois jours et a dit : « *Tu ne seras pas méprisée. Si tu veux je peux rester sept jours auprès de toi, et si je le fais pour toi, je le ferais pour mes autres épouses.* »[2]

L'obligation d'être juste dans le partage entre les épouses

Allah (سبحانه وتعالى) dit :

وَإِنْ خِفْتُمْ أَلَّا تُقْسِطُوا۟ فِى ٱلْيَتَٰمَىٰ فَٱنكِحُوا۟ مَا طَابَ لَكُم مِّنَ ٱلنِّسَآءِ مَثْنَىٰ وَثُلَٰثَ وَرُبَٰعَ ۖ فَإِنْ خِفْتُمْ أَلَّا تَعْدِلُوا۟ فَوَٰحِدَةً أَوْ مَا مَلَكَتْ أَيْمَٰنُكُمْ ۚ ذَٰلِكَ أَدْنَىٰٓ أَلَّا تَعُولُوا۟ ﴿٣﴾

« ***Si vous craignez de ne pas être justes envers les orphelins, il vous est permis d'épouser deux, trois ou quatre femmes parmi celles qui vous plaisent. Mais, si vous craignez de n'être pas justes avec celles-ci, alors n'en épousez qu'une seule, ou des esclaves que vous possédez. Ceci afin que vous ne soyez pas injustes.*** »[3]

فَلَا تَتَّبِعُوا۟ ٱلْهَوَىٰٓ أَن تَعْدِلُوا۟ ۚ وَإِن تَلْوُۥٓا۟ أَوْ تُعْرِضُوا۟ فَإِنَّ ٱللَّهَ كَانَ بِمَا تَعْمَلُونَ خَبِيرًا

---

[1] Al-Bukhârî.

[2] Muslim.

[3] *An-Nisâ'*, v.3.

« ***Ne suivez pas vos passions, afin de ne pas dévier de la justice. Si vous portez un faux témoignage ou si vous refusez (un témoin), [sachez qu'] Allah sait parfaitement ce que vous faites.*** »[1]

وَلَا يَجْرِمَنَّكُمْ شَنَـَٔانُ قَوْمٍ عَلَىٰٓ أَلَّا تَعْدِلُوا۟ ۚ ٱعْدِلُوا۟ هُوَ أَقْرَبُ لِلتَّقْوَىٰ ۖ

وَٱتَّقُوا۟ ٱللَّهَ ۚ إِنَّ ٱللَّهَ خَبِيرٌۢ بِمَا تَعْمَلُونَ

« ***Et que la haine pour un peuple ne vous incite pas à être injuste. Soyez équitables : cela est plus proche de la piété. Et craignez Allah, car Allah sait parfaitement ce que vous faites.*** »[2]

فَلَا تَمِيلُوا۟ كُلَّ ٱلْمَيْلِ فَتَذَرُوهَا كَٱلْمُعَلَّقَةِ ۚ

« ***Ne penchez pas (totalement) vers l'une d'elles, au point de laisser l'autre en suspens.*** »[3]

Anas (ﷺ) rapporte : « Le Prophète (ﷺ) avait neuf épouses. Lorsqu'il partageait les jours entre elles, il ne revenait à la première qu'après neuf jours, et elles se réunissaient chaque nuit dans la maison de celle chez qui il résidait. Un soir qu'il était chez ᶜÂ'ishah, Zaynab arriva et il tendit la main vers elle, ᶜÂ'ishah dit (par jalousie) : « C'est Zaynab », le Prophète retint sa main et elles échangèrent des mots et le ton monta alors qu'on appelait à la prière. Abû Bakr (ﷺ) arriva à ce moment et entendit leurs voix, il dit : « Ô Messager d'Allah, viens à la prière et jette de la terre dans leurs bouches. » ᶜÂ'ishah dit : « Le Prophète (ﷺ) est allé accomplir sa prière, mais Abû Bakr va venir et me sermonner. » Lorsque le Prophète (ﷺ) eut fini la prière, Abû Bakr vint voir ᶜÂ'ishah et eut des paroles très dures envers elle, il lui dit : « Qu'est-ce que tu me fais là ! »[4]

---

[1] *An-Nisâ'*, v.135.
[2] *Al-Mâ'idah*, v.8.
[3] *An-Nisâ'*, v.129.
[4] Muslim.

^{c}Â'ishah (رضي الله عنها) rapporte : « Lorsque le Messager d'Allah (ﷺ) voulait voyager, il tirait au sort entre ses épouses, et celles qui l'emportait partaient avec lui. Il donnait à chacune de ses épouses son jour et sa nuit, à part pour Sawdah bint Zum^{c}ah (رضي الله عنها) qui donna son jour à ^{c}Â'ishah, cherchant par cela l'agrément du Prophète [car ^{c}Â'ishah était sa préférée]. »[1]

Le mari doit tout de même accorder son jour à l'épouse malade, en état de menstrues ou autre

^{c}Â'ishah (رضي الله عنها) rapporte : « Lorsque l'une d'entre nous était en état de menstrues et que le Messager d'Allah (ﷺ) voulait jouir d'elle, il lui ordonnait de porter un *izâr*, puis il jouissait d'elle. » Elle dit ensuite : « Mais qui parmi vous peut retenir son désir comme le faisait le Prophète (ﷺ) ? »[2]

Le mari ne peut quitter de nuit la maison de l'épouse chez qui il réside pour une autre, sauf en cas de nécessité

^{c}Â'ishah (رضي الله عنها) rapporte : « Voulez-vous que je vous parle du Prophète (ﷺ) et de moi ? » Nous dîmes : « Bien sûr ! » Elle dit : « Un soir que le Prophète (ﷺ) dormait chez moi, il mit son *ridâ'*, enleva ses chaussures qu'il posa près de ses pieds, étendit son *izâr* sur sa couche, et il s'allongea. Il resta ainsi jusqu'à ce qu'il pensât que je dormais. Il enfila alors son *ridâ* et ses chaussures en vitesse, ouvrit la porte et sortit. J'enfilai alors ma tunique, mis mon voile et mon *izâr* et je suivis ses traces. Il se rendit au cimetière de *Baqî'* et y resta debout longuement, puis il leva trois fois les mains et repartit, alors je repartis. Il accéléra et j'accélérai, il courut et je courus, mais j'arrivais tout de même la première, et à peine m'étais-je allongée qu'il entra. Il me dit : « *Ô* ^{c}*Âish*[3]*, qu'as-*

---

[1] Al-Bukhârî.

[2] Al-Bukhârî et Muslim.

[3] Surnom affectueux. [NdT]

tu à souffler ainsi ? » Je dis : « Rien. » Il dit : « *Dis-le moi, sinon c'est Le Subtil et le Clairvoyant qui m'en informera.* » Je dis : « Ô Messager d'Allah, que mon père et ma mère soient sacrifiés pour toi… » et je l'informai de ce qui s'était passé. Il dit : « *C'était donc toi l'ombre noire que j'ai vue devant moi.* » Je dis : « Oui. » Il me serra au point de me faire mal et dit : « *Pensais-tu qu'Allah et Son messager auraient été injustes envers toi ?* » Elle dit : « Tout ce que les gens peuvent cacher, Allah le sait. » Il dit « *Oui, Jibrîl (ﷺ) est venu me voir et m'a appelé, je lui ai répondu en te le cachant, car il ne pouvait entrer alors que tu étais dévêtue. Je pensais que tu dormais et je ne voulais pas te réveiller et que tu aies peur. Il m'a dit :* « Ton Seigneur t'ordonne de te rendre au cimetière de *Baqî'* afin de demander pardon pour ses habitants. » Elle dit : « Et comment dois-je faire, ô Messager d'Allah, [si moi aussi je veux visiter les cimetières] ? » Il dit : « *Dis comme moi : Que le salut soit sur vous, ô habitants de ces demeures parmi les croyants et les musulmans, qu'Allah fasse miséricorde à ceux qui sont morts avant nous et ceux qui vont les suivre, nous vous rejoindrons bientôt si Allah le veut.* »[1]

Ibn Qudâmah a dit : « Il n'est pas permis à l'époux d'entrer de nuit chez une autre épouse que celle chez qui il réside, sauf en cas de nécessité. Par exemple, si l'une de ses épouses est mourante et qu'il veut veiller auprès d'elle ou pour toute autre raison nécessaire, c'est alors permis. Si elle décède, il n'a pas à compenser cela, par contre si elle guérit, il doit compenser ce temps manqué chez la première. »[2]

[De même], il ne lui est pas permis d'avoir des rapports avec une épouse autre que celle dont c'est le jour, sauf avec son accord.

---

[1] Al-Bukhârî.
[2] *Al-Mughnî* (8/146).

Hishâm ibn ᶜUrwah rapporte d'après son père que ᶜÂ'ishah (رضي الله عنها) a dit[1] : « Ô fils de ma sœur ! Le Messager d'Allah (ﷺ) ne privilégiait aucune d'entre nous dans son partage du temps, et rares étaient les jours où il ne passait pas chez chacune d'entre nous. Il approchait chacune de ses épouses sans avoir de rapports sexuels, jusqu'à arriver dans la maison de celle auprès de qui il passait la nuit. Lorsque Sawdah bint Zumᶜah prit de l'âge, elle craignit que le Prophète (ﷺ) ne divorce d'elle, elle lui dit donc : « Je donne mon jour à ᶜÂ'ishah. » Le Prophète (ﷺ) accepta cela d'elle, et je considère pour ma part que c'est à ce propos et pour des cas similaires qu'Allah (تعالى) a révélé :

وَإِنِ ٱمْرَأَةٌ خَافَتْ مِنۢ بَعْلِهَا نُشُوزًا أَوْ إِعْرَاضًا فَلَا جُنَاحَ عَلَيْهِمَآ أَن يُصْلِحَا بَيْنَهُمَا صُلْحًا ۚ وَٱلصُّلْحُ خَيْرٌ ۗ وَأُحْضِرَتِ ٱلْأَنفُسُ ٱلشُّحَّ ۚ وَإِن تُحْسِنُوا۟ وَتَتَّقُوا۟ فَإِنَّ ٱللَّهَ كَانَ بِمَا تَعْمَلُونَ خَبِيرًا ﴿١٢٨﴾

« ***Et si une femme craint que son mari ne l'abandonne ou ne la délaisse, il n'y a aucun mal à ce qu'ils cherchent un compromis, et le compromis est meilleur [que la séparation], car les âmes penchent vers l'avarice. Mais si vous agissez en bien et que vous craignez [Allah], Allah sait parfaitement ce que vous faites.*** »[2]

Ibn Al-Qayyim (رحمه الله) a dit : « L'homme peut rentrer chez toutes ses épouses le même jour, mais il ne doit avoir de rapport sexuel qu'avec celle dont c'est le jour. »[3]

---

1 Abû Dâwûd, hadith *hasan*.

2 *An-Nisâ'*, v.128.

3 *Zâd Al-Maᶜâd* (5/152).

À propos de l'équité

Allah (ﷻ) dit :

وَلَن تَسْتَطِيعُوٓاْ أَن تَعْدِلُواْ بَيْنَ ٱلنِّسَآءِ وَلَوْ حَرَصْتُمْ فَلَا تَمِيلُواْ كُلَّ ٱلْمَيْلِ
فَتَذَرُوهَا كَٱلْمُعَلَّقَةِ وَإِن تُصْلِحُواْ وَتَتَّقُواْ فَإِنَّ ٱللَّهَ كَانَ غَفُورًا رَّحِيمًا ﴿١٢٩﴾

« ***Vous ne pourrez jamais être (totalement) équitables entre vos femmes, même si vous vous y appliqués. Ne penchez pas (totalement) vers l'une d'elles, au point de laisser l'autre en suspens. Mais si vous améliorez (vos relations avec vos épouses) et que vous craignez (Allah), Allah est Pardonneur et Miséricordieux.*** »[1]

Al-Hâfidh ibn Kathîr (رحمه الله) a dit : « C'est-à-dire que vous ne pourrez pas être équitables en toute chose avec vos épouses. Même si vous donnez une nuit à chacune, il y aura nécessairement une différence dans l'amour et le désir que vous éprouvez pour elle. »

Il dit aussi à propos de Sa Parole : « ***Ne penchez pas (totalement) vers l'une d'elles*** », si vous penchez vers l'une d'elles, ne penchez pas totalement « ***au point de laisser l'autre en suspens*** », on rapporte que certains savants ont expliqué ce verset par le fait qu'elle n'est ni épouse ni divorcée. »

Il dit également à propos de Sa Parole : « ***Mais si vous améliorez (vos relations avec vos épouses) et que vous craignez (Allah), Allah est Pardonneur et Miséricordieux*** » C'est-à-dire, si vous faites tout votre possible pour améliorer vos relations, votre partage en toute équité, et que vous craignez Allah en toute situation, Allah vous pardonne le penchant que vous pouvez avoir vers l'une plutôt qu'une autre. »[2]

---

[1] *An-Nisâ'*, v.129.

[2] *Tafsîr Al-Qur'ân Al-ᶜAdhîm* (1/563).

L'équité dans l'affection et les rapports intimes n'est pas obligatoire

Ibn ᶜAbbâs (ﷺ) rapporte que ᶜUmar est entré chez Hafsah et a dit : « Ô mon enfant, ne te laisse pas abuser par celle qui est médusée par sa beauté et l'amour que lui voue le Prophète (ﷺ) — en visant par cela ᶜÂ'ishah. » Je rapportais cela au Messager d'Allah (ﷺ) et il sourit. »[1]

ᶜÂ'ishah (ﷺ) rapporte que le Prophète (ﷺ) demandait pendant la maladie qui entraîna sa mort : « *Où serais-je aujourd'hui ? Où serais-je demain ?* » s'impatientant ainsi d'arriver au jour de ᶜÂ'ishah. Il mourut le jour où il résidait [habituellement] chez moi. Allah prit son âme alors que sa tête reposait entre ma gorge et ma poitrine et il fut enterré chez moi. »[2]

ᶜÂ'ishah (ﷺ) rapporte : « Les femmes du Prophète (ﷺ) ont envoyé Fâtimah, sa fille, chez le Messager. Elle lui demanda l'autorisation d'entrer alors qu'il était allongé avec moi sous ma couverture, et il le lui permit. Elle dit : « Ô Messager d'Allah, tes femmes m'envoient à toi pour te demander l'équité à leur égard concernant la fille d'Ibn Abî Quhâfah[3]. » Je gardai le silence et le Messager d'Allah (ﷺ) lui dit : « *Ô mon enfant n'aimes-tu pas ce que j'aime ?* » Elle dit : « Bien sûr ! » Il dit : « *Alors aime-la [càd ᶜÂ'ishah].* » Fâtimah se leva lorsqu'elle entendit cela et revint chez les femmes du Prophète afin de les informer de ce qu'elle avait dit et de ce que lui avait répondu le Messager d'Allah (ﷺ). Elles lui dirent : « Tu ne nous as servi à rien. Retourne chez le Messager d'Allah et dis-lui que ses épouses l'exhortent à l'équité à leur égard concernant la fille d'Ibn Abî Quhâfah. » Elle leur dit :

---

1 Al-Bukhârî.

2 Al-Bukhârî et Muslim.

3 Il s'agit de ᶜÂ'ishah [NdT]

« Par Allah, je ne lui en reparlerai plus jamais. » Elles envoyèrent donc Zaynab bint Ja<u>h</u>sh, l'épouse du Prophète (ﷺ) qui était celle d'entre elles qui me concurrençait dans la place occupée dans le cœur du Messager d'Allah (ﷺ). Elle était pour moi la meilleure des femmes sur terre, la plus pieuse, la plus véridique, celle qui maintenait le plus les liens de parenté, celle qui donnait le plus en aumône, celle qui faisait le plus d'efforts sur soi dans les œuvres que l'on peut donner et qui rapprochent d'Allah, si ce n'étaient ses rudesses et colères passagères. Elle demanda au Messager d'Allah l'autorisation d'entrer, alors qu'il était allongé avec ᶜÂ'ishah, comme l'avait laissé Fâ<u>t</u>imah — le Prophète (ﷺ) lui permit d'entrer et elle dit : « Ô Messager d'Allah, tes femmes m'envoient à toi pour te demander l'équité à leur égard concernant la fille d'Ibn Abî Qu<u>h</u>âfah. » Puis elle s'en est prise à moi et fut arrogante à mon égard. Je surveillais le Prophète (ﷺ) et guettais son regard pour savoir s'il m'autorisait à lui répondre. Zaynab ne cessa pas jusqu'à ce que je vis que le Prophète (ﷺ) ne désapprouvait pas que je me défende, et lorsque je m'en suis prise à elle, je ne lui ai laissé aucun répit, et le Messager d'Allah (ﷺ) sourit et dit : « *C'est bien la fille d'Abû Bakr.* »[1]

Ibn Al-Qayyim (ؒ) a dit : « L'équité entre les épouses dans l'amour n'est pas obligatoire, car cela n'est pas maîtrisable, et ᶜÂ'ishah était l'épouse préférée du Prophète (ﷺ). On peut en déduire que l'équité dans les rapports intimes n'est pas non plus obligatoire car cela dépend de l'amour et du désir et cela est entre les mains de Celui qui détient les cœurs. On peut préciser cette question en disant que si le mari délaisse les rapports intimes par absence de désir [suscité par l'épouse], il est excusé. Mais si le désir est présent et qu'il délaisse tout de même les rapports intimes en raison d'un désir plus fort pour une autre épouse, [il n'est pas excusé] car cela peut être maitrisé. S'il remplit son

---

[1] Muslim.

devoir conjugal envers elle, elle ne pourra en demander davantage et il ne lui est pas obligatoire d'être équitable envers toutes ses épouses sur ce point. Mais s'il délaisse même ce qui lui est obligatoire, elle est en droit de se plaindre. »

Mais il est tout de même préférable d'être équitable jusque dans les rapports intimes et c'est l'avis d'Ibn Qudâmah qui dit : « S'il est possible d'être équitable dans les rapports intimes entre les épouses, cela est préférable, car cela est plus juste. »[1]

An-Nawawî a dit : « Il est recommandé à celui qui partage [son temps entre ses épouses] d'être équitable dans [la fréquence] des rapports sexuels, car cela est plus juste. »[2] Il dit également : « Il est recommandé d'être équitable dans le partage des rapports sexuels, car c'est ce qui est recherché [càd l'équité]. »[3]

Mais il faut que l'époux satisfasse les désirs de ses épouses en fonction de ses capacités, car s'il ne préserve pas son épouse de la turpitude, cela peut conduire à l'inimitié, la haine et la séparation.

L'obligation d'être équitable dans les dépenses

Shaykh Al-Islâm ibn Taymiyyah (ﷺ) a dit : « L'équité dans les dépenses est une Sunna, conformément à l'exemple du Prophète (ﷺ) qui donnait une part équitable des biens à chacune de ses épouses, tout comme il partageait son temps équitablement entre elles, bien que les savants aient divergé sur le caractère obligatoire ou non du partage du temps et des dépenses pour ce qui est du Prophète (ﷺ). De même, ils ont divergé sur l'obligation ou non de l'équité et des dépenses.

[1] *Al-Mughnî* (16/430).
[2] *Al-Majmû^c Sharh Al-Muhadhdhab* (12/430).
[3] *Al-Majmû^c Sharh Al- Muhadhdhab* (12/433).

L'obligation est plus appuyée et plus conforme aux preuves du Coran et de la Sunna. »

Anas (ﷺ) rapporte qu'Umm Sulaym (ﷺ) l'a envoyé chez le Messager d'Allah (ﷺ) avec un voile contenant des dattes fraîches. Le Prophète (ﷺ) prit une poignée qu'il envoya à certaines de ses épouses, puis une autre qu'il envoya à d'autres de ses épouses, puis il s'assit et mangea le reste comme quelqu'un dont on sait qu'il apprécie [ce qu'il mange]. »[1]

L'équité des pieux prédécesseurs

Ibrâhîm rapporte qu'il a entendu Mu<u>h</u>ammad dire à propos de celui qui a deux épouses : « Il est détestable qu'il fasse ses ablutions chez l'une sans les faire chez l'autre. »[2]

Abû Ma^cshar rapporte qu'Ibrâhîm a dit à propos de celui qui avait deux épouses : « Les prédécesseurs étaient équitables entre elles, au point que lorsqu'il restait une petite quantité de *Sawîq*[3], trop petite pour être pesée, il la partageait équitablement poignée par poignée. »[4]

Tirer au sort pour le voyage

ᶜÂ'ishah (ﷺ) rapporte : « Lorsque le Messager d'Allah (ﷺ) voulait voyager, il tirait au sort entre ses épouses, et celle qui l'emportait partait avec lui. Il donnait à chacune de ses épouses son jour et sa nuit, à part pour Sawdah bint Zumᶜah (ﷺ) qui donna son jour à ᶜÂ'ishah, cherchant par cela l'agrément du Prophète [car ᶜÂ'ishah était sa préférée]. »[5]

---

[1] A<u>h</u>mad, hadith <u>s</u>a<u>h</u>î<u>h</u>.
[2] Ibn Abî Shaybah dans *Al-Mu<u>s</u>annaf* (4/387), récit <u>s</u>a<u>h</u>î<u>h</u>.
[3] Mélange sucré [NdT].
[4] Ibn Abî Shaybah dans *Al-Mu<u>s</u>annaf* (4/387), récit <u>s</u>a<u>h</u>î<u>h</u>.
[5] Al-Bukhârî.

ᶜÂ'ishah (ﷺ) rapporte que lorsque le Prophète (ﷺ) voulait partir en voyage, il tirait au sort entre ses épouses, et une fois ᶜÂ'ishah et H̲afs̲ah furent choisies. Le Prophète (ﷺ) passait ses nuits à discuter avec ᶜÂ'ishah, et H̲afs̲ah dit : « Ne veux-tu pas que cette nuit nous changions de monture, toi sur la mienne et moi sur la tienne, afin que chacune de nous deux profite du paysage ? » ᶜÂ'ishah dit : « Certainement. » Le Prophète (ﷺ) monta sur le chameau de ᶜÂ'ishah, sur lequel était H̲afs̲ah, il la salua et resta avec elle jusqu'à ce qu'ils s'arrêtent. Le Prophète manqua tellement à ᶜÂ'ishah que lorsqu'ils s'arrêtèrent, elle fourra son pied dans un buisson et dit : « Ô Allah fait qu'un scorpion ou un serpent me pique car je ne peux rien dire [au Prophète (ﷺ)]. »[1]

Ibn Qudâmah (ﷺ) a dit : « Le sens général est que si l'époux venait à prendre toutes ses épouses ou aucune d'entre elles en voyage, il n'a pas besoin de tirer au sort car le tirage au sort sert à désigner l'épouse choisie pour le voyage, alors que dans les deux cas précédents, elles sont toutes sur le même pied d'égalité. Mais s'il veut voyager avec une partie d'entre elles seulement, il lui est obligatoire de procéder à un tirage au sort. C'est l'avis de la plupart des savants, et ce qui est rapporté de Mâlik qui l'aurait autorisé sans tirage au sort n'est pas authentique. En effet, ᶜÂ'ishah a rapporté que lorsque le Prophète (ﷺ) voulait voyager, il tirait au sort entre ses épouses, et celle qui l'emportait partait avec lui.

De plus, le fait de voyager avec certaines d'entre elles sans tirage au sort est une préférence marquée et un penchant (interdit). Cela n'est donc pas permis sans tirage au sort, de même que pour débuter le partage des jours. Et s'il veut voyager avec plus d'une épouse, il doit tirer au sort, car ᶜÂ'ishah

[1] Al-Bukhârî et Muslim.

rapporte qu'elle et Hafsah ont été tirées au sort, comme il est rapporté par Al-Bukhârî. Et en voyage, il doit partager ses jours entre elles comme il le ferait s'il était résident. »[1]

Les disputes entre les épouses

Umm Rawmân, la mère de cÂ'ishah, lui dit : « Ô ma fille, patiente, car il n'y a pas une femme qui soit aimée d'un homme qui a d'autres épouses, sans que celles-ci ne lui causent des problèmes. »[2] [Lorsque cÂ'ishah a été injustement accusée d'adultère].

cÂ'ishah (رضي الله عنها) rapporte : « Je n'ai jamais été plus jalouse d'une des épouses du Messager d'Allah (ﷺ), que je ne l'ai été de Khadîjah (رضي الله عنها) car le Prophète (ﷺ) ne cessait d'annoncer qu'elle avait une maison en perle précieuse au Paradis. »[3]

cÂ'ishah (رضي الله عنها) rapporte « J'étais insouciante [de la jalousie des femmes] jusqu'à ce que je m'introduise chez Zaynab sans autorisation alors qu'elle était en colère et disait : « Ô Messager d'Allah ! Je compte sur toi, lorsque la fille d'Abû Bakr tendra vers toi ses petits bras. » Puis elle se tourna vers moi, et je détournai mon regard, jusqu'à ce que le Prophète (ﷺ) dise : « *C'est à toi de te défendre.* » Je me tournai vers elle et je la vis avaler sa salive et ne rien dire, puis je vis le visage du Prophète (ﷺ) s'illuminer. »[4]

cÂ'ishah (رضي الله عنها) rapporte : « Je suis entré chez le Prophète (ﷺ) avec un plat que j'avais préparé pour lui. Je dis à Sawdah – alors que le Prophète (ﷺ) était entre nous – Mange ! Elle refusa et je lui dis : Mange ou je t'en macule le visage ! Elle refusa, donc je mis ma main dans le plat et lui badigeonnai le visage. Le

---

[1] *Al-Mughnî* (7/40).
[2] Al-Bukhârî.
[3] Al-Bukhârî.
[4] Ibn Mâjah, hadith *sahîh*.

Prophète (ﷺ) rit et prit sa main en lui disant : « *Macule toi aussi son visage !* » Et il rit encore. ᶜUmar vint et dit : « Ô ᶜAbd Allah ! Ô ᶜAbd Allah ! » Le Prophète (ﷺ) pensa qu'il allait entrer et dit alors : « *Quelqu'un arrive, lavez vos visages.* » ᶜÂ'ishah (ﷺ) dit : « Depuis, je ne cessais de respecter ᶜUmar en raison du respect que lui accordait le Messager d'Allah (ﷺ). »[1]

ᶜÂ'ishah (ﷺ) rapporte : « J'ai dit au Prophète (ﷺ) : « S̲afiyyah est comme ceci et cela. » — C'est-à-dire petite. Il dit : « *Tu as prononcé une parole qui, si elle avait été mélangée à l'eau de la mer, l'aurait souillée.* »[2]

Anas (ﷺ) rapporte : « Le Prophète (ﷺ) était chez l'une de ses femmes et une autre de ses épouses lui envoya un plat contenant de la nourriture. Celle chez qui le Prophète (ﷺ) résidait frappa la main du servant qui portait le plat et celui-ci se brisa. Le Prophète (ﷺ) réunit alors les morceaux du plat cassé et la nourriture et dit : « *Votre mère a eu une crise de jalousie.* » Il fit attendre le servant jusqu'à lui donner un plat de l'épouse chez laquelle il était, et il remplaça le plat cassé par un plat en bon état, alors que le plat cassé resta dans la maison où il fut cassé. »[3]

ᶜÂ'ishah (ﷺ) rapporte : « Une nuit, je ne vis plus le Messager d'Allah (ﷺ) et je pensai qu'il était parti chez une de ses épouses. Je le cherchai et en revenant je le vis en inclinaison — ou en prosternation — et il disait : « *Gloire et louange à Toi, il n'y a de divinité digne d'être adorée que Toi.* » Je dis : « Que mon père et ma mère soient sacrifiés pour toi, tu étais occupé [à adorer Allah] alors que je pensais que tu étais sorti [pour te rendre chez une autre de tes épouses]. »[4]

---

1 Abû Dâwûd, hadith s̲ah̲îh̲.
2 Abû Dâwûd, hadith s̲ah̲îh̲.
3 Al-Bukhârî.
4 Muslim.

Remarque : certains se précipitent en prenant une autre épouse sans aucune clairvoyance ni réflexion, et perdent ainsi la réussite de leur famille et y sèment la discorde. Celui qui s'aventure dans la polygamie alors qu'il n'a ni les moyens financiers, ni la possibilité de bien éduquer ses enfants, peut certes tomber dans la misère et le malheur, comme l'a dit le bédouin :

J'ai épousé deux femmes car j'ignorais
Le malheur qu'endure celui qui a deux épouses
Je me disais : je serais entre elles comme un mouton
Profitant de l'attention des deux chèvres les plus douces qui soient
Mais voilà que je me retrouve matin et soir comme une chèvre
Subissant les tourments de deux loups perfides
L'agrément de l'une amène la colère de l'autre
Je ne peux échapper à l'une de deux colères
Je subis toutes les difficultés de la vie
En plus des problèmes entre mes deux coépouses
A celle-ci une nuit et à celle-là une autre
Mais chaque nuit les reproches, eux, sont continus
Si tu veux rester digne
Les mains pleines de bienfaits
Reste donc célibataire, et si tu ne le peux pas
Mieux vaut une seule femme que les problèmes de deux coépouses

Ce que dit le bédouin n'est pas totalement vrai. Mais celui qui veut être polygame et n'a pas les moyens d'entretenir [des épouses], de les éduquer et de bien gérer [la situation] peut aisément tomber dans la misère et le malheur que raconte le bédouin.

Prendre en charge et loger la femme divorcée[1]

Allah (سبحانه وتعالى) dit :

يَـٰٓأَيُّهَا ٱلنَّبِيُّ إِذَا طَلَّقْتُمُ ٱلنِّسَآءَ فَطَلِّقُوهُنَّ لِعِدَّتِهِنَّ وَأَحْصُوا۟ ٱلْعِدَّةَ ۖ وَٱتَّقُوا۟ ٱللَّهَ
رَبَّكُمْ ۖ لَا تُخْرِجُوهُنَّ مِنۢ بُيُوتِهِنَّ وَلَا يَخْرُجْنَ إِلَّآ أَن يَأْتِينَ بِفَـٰحِشَةٍ
مُّبَيِّنَةٍ ۚ وَتِلْكَ حُدُودُ ٱللَّهِ ۚ وَمَن يَتَعَدَّ حُدُودَ ٱللَّهِ فَقَدْ ظَلَمَ نَفْسَهُۥ ۚ لَا تَدْرِى لَعَلَّ ٱللَّهَ
يُحْدِثُ بَعْدَ ذَٰلِكَ أَمْرًا ﴿١﴾

« ***Ô Prophète ! Quand vous répudiez les femmes, répudiez-les conformément à leur période d'attente prescrite, comptez la période, et craignez Allah votre Seigneur. Ne les faîtes pas sortir de leurs maisons, et qu'elles n'en sortent pas, à moins qu'elles n'aient commis une turpitude prouvée. Telles sont les lois d'Allah. Quiconque transgresse les lois d'Allah, se fait du tort à lui-même. Tu ne sais pas si d'ici là Allah ne suscitera pas quelque chose de nouveau.*** »[2]

Al-Hâfidh ibn Kathîr (رحمه الله) dit à propos de ce verset : « C'est-à-dire que pendant la période de viduité, elle doit être logée par l'époux. Le mari ne peut la chasser et elle aussi ne peut sortir, car elle est également liée au droit du mari. »

La femme dont on a divorcé définitivement [au troisième divorce] n'a pas droit à cela, comme il est rapporté par l'imam Muslim dans le hadith de Fâtimah bint Qays [qui viendra en intégralité dans le chapitre suivant] : « Abû ᶜAmr ibn Hafs divorça définitivement d'elle alors qu'il était absent, il envoya donc son représentant qui vint à elle avec de l'orge, et elle se mit

[1] Il s'agit de la femme dont le mari a divorcé d'elle une ou deux fois. Au bout de la troisième fois, elle ne peut prétendre à ces droits. [NdT]

[2] *At-Talâq*, v.1.

en colère contre lui. Le représentant d'Abû ᶜAmr dit : « Tu ne peux rien exiger de nous. » Elle se rendit donc chez le Prophète (ﷺ) et lui rapporta ce qui s'était passé, il dit : « *Il n'a pas à subvenir à tes besoins.* »...

Prendre en charge la femme divorcée enceinte

Allah (سبحانه وتعالى) dit :

وَإِن كُنَّ أُولَٰتِ حَمْلٍ فَأَنفِقُوا عَلَيْهِنَّ حَتَّىٰ يَضَعْنَ حَمْلَهُنَّ

« ***Et si elles sont enceintes, pourvoyez à leurs besoins jusqu'à ce qu'elles aient accouché.*** »[1]

Al-Hâfidh ibn Kathîr (رحمه الله) a dit : Ibn ᶜAbbâs (رضي الله عنه), un groupe parmi les pieux prédécesseurs et de nombreux contemporains ont dit : « Cela concerne la femme dont on divorce définitivement et qui est enceinte : on doit la prendre en charge jusqu'à ce qu'elle accouche, car pour la femme dont on a divorcé (qu'une première ou une deuxième fois), il est obligatoire de subvenir à ses besoins, qu'elle soit enceinte ou non. »

Les biens dont peut jouir la femme divorcée

Ibn Jarîr At-Tabarî (رحمه الله) a dit (5/262) : « La femme [divorcée] peu jouir des vêtements, dépenses, servants et d'autres choses encore. »

Quelle en est la valeur ?

Allah (سبحانه وتعالى) dit :

وَمَتِّعُوهُنَّ عَلَى الْمُوسِعِ قَدَرُهُ وَعَلَى الْمُقْتِرِ قَدَرُهُ مَتَاعًا بِالْمَعْرُوفِ ۖ حَقًّا عَلَى الْمُحْسِنِينَ

[1] Sourate ***At-Talâq***, v.6.

« ***Donnez-leur toutefois quelque bien convenable dont elles puissent jouir - l'homme aisé selon sa capacité, l'indigent selon sa capacité. Ceci est un devoir pour les bienfaisants.*** »[1]

At-Tabarî a dit : « Donnez-leur ce dont elles peuvent jouir, selon vos capacités, de vos biens et vos demeures. »[2]

Les savants ont divergé quant à savoir si cette jouissance était accordée à toute femme divorcée ou seulement à celle avec laquelle le mariage n'a pas été consommé et la dot non fixée. Un de ces avis est le suivant : cela englobe toutes les femmes divorcées, en raison de la généralité de la Parole d'Allah (ﷻ) :

وَلِلْمُطَلَّقَٰتِ مَتَٰعٌۢ بِٱلْمَعْرُوفِ ۖ حَقًّا عَلَى ٱلْمُتَّقِينَ ﴿٢٤١﴾

« ***Les femmes divorcées ont droit à une allocation convenable, ceci est un devoir pour les pieux.*** »[3]

يَٰٓأَيُّهَا ٱلنَّبِىُّ قُل لِّأَزْوَٰجِكَ إِن كُنتُنَّ تُرِدْنَ ٱلْحَيَوٰةَ ٱلدُّنْيَا وَزِينَتَهَا فَتَعَالَيْنَ

أُمَتِّعْكُنَّ وَأُسَرِّحْكُنَّ سَرَاحًا جَمِيلًا ﴿٢٨﴾

« ***Ô Prophète ! Dis à tes épouses : « Si c'est la vie présente et sa parure que vous désirez, alors venez ! Je vous donnerai les moyens d'en jouir et vous libérerai sans préjudice.*** »[4]

Et cela peut concerner la femme avec laquelle le mariage n'a pas été consommé ou pour laquelle on n'a pas fixé de dot. Et cet avis est le plus correct. Ibn Jarîr rapporte dans son *Tafsîr*, avec une chaîne de transmission authentique que Al-Hasan et Abû Al-ʿÂliyah ont dit : « Toute femme divorcée peut en disposer, que le mariage ait été consommé ou non, et qu'une dot ait été fixée ou non. » On rapporte également la même chose de Saʿîd ibn Jubayr.

---

1 *Al-Baqarah*, v.236.
2 *Tafsîr At-Tabarî* (5/120).
3 *Al-Baqarah*, v.241.
4 *Al-Ahzâb*, v.28.

Recommandations du Prophète (ﷺ) en faveur des femmes

Allah (ﷻ) dit :

وَلَا تَنسَوُاْ ٱلۡفَضۡلَ بَيۡنَكُمۡۚ

« ***Et n'oubliez pas la bonté entre vous*** »[1]

Abû Hurayrah (ﷺ) rapporte que le Messager d'Allah (ﷺ) a dit : « *Ayez un bon comportement avec les femmes, car elles ont été créées d'une côte (d'Adam), et le haut de la côte est le plus courbé. Si tu veux la redresser tu la brises, et si tu la laisses ainsi, elle ne cesse d'être courbée. Ayez donc un bon comportement avec les femmes.* »[2]

Certains ont dit :

C'est une côte courbée que tu ne peux redresser
Vouloir redresser une côte amène à la briser
La femme est faible et pourtant peut influer sur le mari
N'est-il pas étonnant de voir chez elle à la fois faiblesse et capacité ?

ᶜAbd Allah ibn Zumᶜah (ﷺ) rapporte qu'il a entendu le Messager d'Allah (ﷺ) dire dans un sermon : « *Comment l'un d'entre vous peut-il frapper son épouse comme on frappe un esclave pour ensuite dormir avec elle à la fin de la journée !* »[3]

Abû Hurayrah (ﷺ) rapporte que le Messager d'Allah (ﷺ) a dit : « *Qu'aucun croyant ne déteste une croyante. S'il n'aime pas une partie de son comportement, il en aimera une autre.* »[4]

ᶜAmr ibn Al-Ahwas Al-Jushamî (ﷺ) rapporte qu'il a entendu le Prophète (ﷺ), lors de son pèlerinage d'adieu, dire après avoir loué Allah, Lui avoir adressé des éloges et exhorté les gens : « *Ayez un bon comportement avec les femmes, car elles sont comme des*

---

1 *Al-Baqarah,* v.237.
2 Al-Bukhârî et Muslim.
3 Al-Bukhârî et Muslim.
4 Muslim.

captives auprès de vous, ne leur causez aucun tort sauf si elles commettent une turpitude évidente. Si c'est le cas, éloignez-vous de leur couche, [et si elles persistent] corrigez-les sans violence, puis, si elles vous obéissent, ne leur causez aucun tort. Certes, vous avez un droit sur vos femmes et elles ont un droit sur vous. Votre droit sur elles est qu'elles ne fassent pas entrer chez vous celui que vous détestez. Et leur droit sur vous est que vous soyez bons avec elles, les nourrissiez et les vêtissiez de la meilleure manière. »[1]

Abû Hurayrah (ﷺ) rapporte que le Messager d'Allah (ﷺ) a dit : « *Le croyant à la foi la plus complète est celui qui a le meilleur comportement, et le meilleur d'entre vous est le meilleur avec ses épouses.* »[2]

1 At-Tirmidhî.

2 At-Tirmidhî, hadith *hasan*.

Les droits de la mère sur ses enfants

Il est clair pour l'homme doué de raison qu'il faut constamment respecter les droits de ceux qui ont été bons envers nous. Or, après Allah, personne n'a fait plus preuve de bonté envers autrui que les parents envers leurs enfants. En effet, la mère a porté son enfant avec peine, puis elle l'a mis au monde dans la douleur. Elle l'a éduqué de la meilleure façon, a veillé auprès de lui lorsqu'il était malade, s'est privée de tous ses désirs pour satisfaire les siens, et lui a donné priorité sur elle en toute chose. Mais ignorer les droits de celui qui est bienfaisant envers soi est une des pires caractéristiques de l'homme. Si en plus de nier les bienfaits d'autrui, il se comporte avec lui d'une mauvaise manière, cela indique une nature mauvaise, un état blâmable et un mauvais destin[1]. Et c'est pour protéger ce droit qu'Allah (ﷻ) a ordonné d'obéir aux parents et d'avoir un bon comportement avec eux. Allah (ﷻ) dit :

وَوَصَّيْنَا ٱلْإِنسَٰنَ بِوَٰلِدَيْهِ حَمَلَتْهُ أُمُّهُۥ وَهْنًا عَلَىٰ وَهْنٍ وَفِصَٰلُهُۥ فِى عَامَيْنِ أَنِ

ٱشْكُرْ لِى وَلِوَٰلِدَيْكَ إِلَىَّ ٱلْمَصِيرُ ﴿١٤﴾

« ***Nous avons ordonné à l'homme [la bienfaisance envers] ses parents. Sa mère l'a porté [subissant pour lui] peine sur peine : son sevrage a lieu à deux ans. Sois reconnaissant envers Moi ainsi qu'envers tes parents. Et vers Moi est la destination finale.*** »[2]

---

[1] *Al-Birr wa As-Silah,* d'Ibn Al-Jawzî, p.43.

[2] *Luqmân,* v.14.

﴿ وَقَضَىٰ رَبُّكَ أَلَّا تَعْبُدُوٓا۟ إِلَّآ إِيَّاهُ وَبِٱلْوَٰلِدَيْنِ إِحْسَٰنًا ۚ إِمَّا يَبْلُغَنَّ عِندَكَ ٱلْكِبَرَ
أَحَدُهُمَآ أَوْ كِلَاهُمَا فَلَا تَقُل لَّهُمَآ أُفٍّ وَلَا تَنْهَرْهُمَا وَقُل لَّهُمَا قَوْلًا كَرِيمًا ﴿٢٣﴾
وَٱخْفِضْ لَهُمَا جَنَاحَ ٱلذُّلِّ مِنَ ٱلرَّحْمَةِ وَقُل رَّبِّ ٱرْحَمْهُمَا كَمَا رَبَّيَانِى صَغِيرًا ﴿٢٤﴾

« ***Et ton Seigneur a décrété : n'adorez que Lui et (marquez) de la bonté envers les parents : si l'un d'eux ou tous deux atteignent la vieillesse auprès de toi, alors ne leur dis point : « Fi ! » et ne les brusque pas, mais adresse-leur des paroles respectueuses. Et par miséricorde, abaisse sur eux l'aile de l'humilité et dis : « ô Seigneur, fais-leur miséricorde comme ils m'ont élevé enfant. »*** »[1]

Al-Hâfidh ibn Kathîr (رحمه الله) a dit : « Sa parole « ***ne leur dis point : "Fi ! "*** » signifie : ne leur adresse aucune mauvaise parole, serait-ce « fi » qui est la plus petite des mauvaises paroles. »[2]

Abû Hurayrah (رضي الله عنه) rapporte : « « Un homme est venu voir le Prophète (ﷺ) et lui a dit : « Ô Messager d'Allah, qui est celui qui mérite le plus ma bonté ? » Il dit : « *Ta mère.* — Et ensuite ? — *Ta mère.* — — Et ensuite ? — *Ta mère.* — Et ensuite ? — *Ton père.* »[3]

Que celui qui est bon envers ses parents sache que quel que soit le degré de bonté qu'il pourra atteindre, il ne sera jamais assez reconnaissant envers eux.

Abû Hurayrah (رضي الله عنه) rapporte que le Messager d'Allah (ﷺ) a dit : « *Aucun enfant ne peut suffisamment être reconnaissant envers ses parents, à moins de les trouver réduits à l'état d'esclaves, de les racheter et les affranchir.* »[4]

---

1 *Al-Isrâ,* v.22-23.
2 *Tafsîr Al-Qur'ân Al-ᶜAdhîm* (3/39).
3 Al-Bukhârî et Muslim.
4 Muslim.

Abû Hurayrah (ﷺ) rapporte que le Prophète (ﷺ) a dit : « *Qu'il soit perdu ! Qu'il soit perdu ! Qu'il soit perdu ! Celui qui voit ses parents ou l'un d'eux vieillir auprès de lui et n'entre pas (par cela) au Paradis.* »[1]

Ibn Al-Jawzî (ﷺ) a dit : « La bonté envers eux se réalisent en leur obéissant tant qu'ils n'ordonnent rien d'interdit, en leur donnant priorité sur l'accomplissement des actes surérogatoires, en s'éloignant de ce qu'ils interdisent, en les prenant à charge, en se mettant pleinement à leur service et en faisant preuve de bon comportement. L'enfant ne doit pas élever sa voix au-dessus de la leur, les dévisager du regard, ou les appeler par leur prénom. Il doit marcher derrière eux et endurer les choses détestables qui peuvent émaner d'eux. »[2]

L'obéissance aux parents est prioritaire sur le djihad et l'émigration

Le djihad qui nécessite l'agrément des parents est le djihad qui n'est pas obligatoire individuellement. Quant au djihad qui est une obligation individuelle, il ne nécessite pas leur accord.

ᶜAbd Allah ibn ᶜAmr (ﷺ) rapporte : « Un homme est venu demander au Prophète (ﷺ) l'autorisation de partir pour le djihad [surérogatoire]. Le Messager d'Allah (ﷺ) lui dit : « *Tes parents sont-ils vivants ?* » Il répondit : « Oui. » Il dit : « *C'est auprès d'eux que tu dois lutter.* »[3]

L'imam As-Ṣanᶜânî (ﷺ) a dit : « En apparence, le hadith parle du djihad qu'il soit une obligation individuelle ou collective, et que ce départ cause du tort aux parents ou non. La majorité des savants ont tenu l'avis qu'il était interdit de partir pour le djihad

---

1 Muslim.

2 *Al-Birr wa As-Ṣilah*, p.57.

3 Al-Bukhârî et Muslim.

si les parents, ou l'un des deux, l'interdisent, à condition qu'ils soient musulmans. Car l'obéissance aux parents est une obligation individuelle alors que le djihad est une obligation collective. Mais lorsque le djihad devient une obligation individuelle, leur accord n'est plus nécessaire.

Si quelqu'un oppose : l'obéissance aux parents est une obligation individuelle, mais lorsque le djihad devient lui aussi une obligation individuelle, pourquoi ce dernier est-il prioritaire ?

Je dis : Ceci car son bienfait est plus général : il permet la préservation de la religion et la défense des musulmans. Son bienfait est donc global et prioritaire sur d'autres, comme la préservation du corps (car on peut être blessé). Ce hadith montre l'importance de l'obéissance aux parents car il est meilleur que le djihad. »[1]

ᶜAbd Allah ibn ᶜAmr ibn Al-ᶜÂs̱ (ﷺ) rapporte : « Un homme se présenta au Prophète (ﷺ) et lui dit : « Je te prête serment d'allégeance sur l'émigration et le djihad en espérant la récompense d'Allah. » Le Prophète lui dit : « *Un de tes parents est-il vivant ?* » Il dit : « Oui, ils sont tous deux vivants. » Il dit : « *Tu cherches la récompense d'Allah ?* » Il répondit : « Oui. » Il dit : « *Alors retourne auprès de tes parents et sois bon avec eux.* »[2]

ᶜAbd Allah ibn Masᶜûd (ﷺ) rapporte : « J'ai demandé au Messager d'Allah (ﷺ) : « Quelle est l'œuvre la plus aimée d'Allah ? » Il me dit : « *La prière à son heure.* — Ensuite ? — *L'obéissance aux parents.* — Ensuite ? — *Le djihad sur le sentier d'Allah.* »[3]

---

[1] *Subul As-Salâm* (3/78).
[2] Muslim.
[3] Al-Bukhârî et Muslim.

ᶜAbd Allah ibn ᶜAmr (ﷺ) rapporte : « Un homme est venu voir le Messager d'Allah (ﷺ) et lui dit : « Je suis venu te prêter serment d'allégeance sur l'émigration, et j'ai laissé mes parents en pleurs. » Il dit : « *Retourne auprès d'eux et fais les rire comme tu les a fait pleurer.* »[1]

L'autorisation des parents pour partir rechercher la science

Shaykh Abû ᶜAbd Ar-Ra<u>h</u>mân Muqbil ibn Hâdî Al-Wâdiᶜî (ﷺ) a dit : « Prends garde à ce que tes parents, s'ils sont ignorants, t'empêchent de rechercher la science bénéfique. Car les cœurs de beaucoup de parents ne sont remplis que de l'amour de ce bas monde. Ils ont une vision limitée et ne pensent qu'au futur de l'enfant dans ce monde. On a interrogé l'imam A<u>h</u>mad ibn <u>H</u>anbal sur l'autorisation des parents pour partir apprendre le hadith et les sciences bénéfiques et il a répondu : « Si c'est pour la recherche de la science et ce qui lui est profitable, je ne vois pas de mal à ce qu'il ne demande pas leur autorisation. »[2]

Je ne te demande pas de désobéir à tes parents ou de rompre avec eux, mais de regarder ce qui est le plus profitable à l'islam et aux musulmans. Mais s'ils ont besoin de toi pour que tu subviennes à leurs besoins ou les aides au travail, il ne t'est pas permis de les quitter en raison du hadith « *C'est auprès d'eux que tu dois lutter [persévérer].* »[3]

Le Shaykh a également répondu à la question suivante : « J'ai envie d'étudier la science religieuse mais mon père me l'interdit. Puis-je lui désobéir et tout de même partir ? »

---

1 Abû Dâwûd, hadith *<u>h</u>asan.*

2 *Masâ'il ibn Hânî'* (2/164).

3 *Al-Makhraj min Al-Fitnah* (175).

Il répondit en disant : « Si ton père a besoin de toi pour subvenir aux besoins du foyer ou l'aider et qu'il ne peut compter que sur Allah, et toi ensuite, alors il ne t'est pas permis de laisser ton père. Le Prophète (ﷺ) a dit : « *Il suffit comme péché à l'homme de ne pas nourrir ceux qui sont à sa charge.* » Et il a répondu à un homme qui lui demandait l'autorisation de partir pour le djihad : « *Tes parents sont-ils vivants ?* » Il dit : « Oui. » Il dit : « *C'est auprès d'eux que tu dois lutter [persévérer].* » Et Allah (ﷻ) dit :

وَمَن يَتَّقِ ٱللَّهَ يَجْعَل لَّهُۥ مَخْرَجًا

« **Et celui qui craint Allah, Allah lui accorde une issue (à ces problèmes).** »[1]

Si tu crains Allah, Allah (ﷻ) t'amènera quelqu'un qui te formera aux sciences religieuses, et tu peux aussi te procurer des cours sur support audio. »[2]

Demander l'autorisation des parents pour entrer chez eux

Abû Saᶜîd Al-Khudhrî (رضي الله عنه) rapporte : « J'étais dans une assise des *Ansârs* lorsqu'arriva Abû Mûsâ affolé. Il dit : « J'ai demandé trois fois à ᶜUmar l'autorisation de rentrer et il ne me l'a pas accordée, alors je suis reparti. » Il dit : « Qu'est-ce qui t'a empêché (d'entrer) ? » Il répondit : « J'ai demandé trois fois l'autorisation d'entrer et on ne me l'a pas accordée, alors je suis reparti. » Le Prophète (ﷺ) dit alors : « *Lorsque l'un d'entre vous demande trois fois l'autorisation d'entrer et qu'on ne la lui accorde pas, qu'il reparte...* »[3]

1 *At-Talâq*, v.2.
2 *Ijâbat As-Sâ'il ᶜalâ aham Al-Masâ'il*, p.510.
3 Al-Bukhârî.

ᶜÂ'ishah (ﷺ) rapporte : « Les femmes du Prophète (ﷺ) ont envoyé Fâṯimah, sa fille, chez le Messager. Elle lui demanda l'autorisation d'entrer alors qu'il était allongé avec moi sous ma couverture. Elle dit : « Ô Messager d'Allah, tes femmes m'envoient à toi pour te demander l'équité envers elles concernant la fille de Ibn Abî Quẖâfah… »[1]

Un homme demanda à H̲udhayfah (ﷺ) : « Dois-je demander l'autorisation pour rentrer chez ma mère ? » Il dit : « Si tu ne lui demandes pas l'autorisation, tu peux voir des choses détestables. »[2]

ᶜAlqamah rapporte : « Un homme est venu voir ᶜAbd Allah et lui dit : « Dois-je demander l'autorisation pour rentrer chez ma mère ? » Il dit : « Tu aimerais la voir dans toutes les situations ? »[3]

Les fruits de l'obéissance aux parents

ᶜÂ'ishah (ﷺ) rapporte que le Messager d'Allah (ﷺ) a dit : « *J'ai dormi et je me suis vu au Paradis. J'entendais la voix d'un lecteur qui récitait et j'ai demandé : « Qui est-ce ? »* On me dit : « C'est H̲ârithah ibn Nuᶜmân. » Le Prophète (ﷺ) dit alors : « *Voilà le résultat de l'obéissance. Voilà le résultat de l'obéissance.* »[4] Et H̲ârithah ibn Nuᶜmân était le plus obéissant des fils envers sa mère.

ᶜAbd Allah ibn ᶜUmar (ﷺ) rapporte que le Messager d'Allah (ﷺ) a dit : « *Un groupe de trois hommes était en train de marcher lorsque la pluie les surprit. Ils se réfugièrent dans une grotte, et lorsqu'ils y pénétrèrent, un rocher tomba et obstrua l'entrée de la grotte. Ils se dirent : « Voyez quelle est la meilleure œuvre que vous ayez accomplie, et demandez [à Allah] par cet intermédiaire, peut-être*

---

[1] Muslim.
[2] Al-Bukhâri dans *Al-Adab Al-Mufrad* (1060), ce récit est *h̲asan*.
[3] Al-Bukhâri dans *Al-Adab Al-Mufrad* (1059), ce récit est *s̲ah̲îh̲*.
[4] Ah̲mad, le hadith est *s̲ah̲îh̲*.

que l'entrée de la grotte se dégagera. » Le premier dit : « Ô Allah, j'avais deux parents âgés, ainsi qu'une femme et de jeunes enfants, et je m'occupais bien d'eux. Lorsque je trayais mon bétail, je commençais par abreuver mes parents. Un jour qu'ils n'étaient pas encore réveillés, j'ai préparé le récipient, j'ai trait ma bête et je suis resté debout devant mes parents alors que mes enfants pleuraient de faim à mes pieds. Mais je ne voulais pas les abreuver avant mes parents et je ne voulais pas les réveiller. Je suis resté debout ainsi jusqu'à l'aube. Ô Allah, si Tu sais que j'ai fait cela uniquement pour atteindre Ta satisfaction, fraye–nous un passage afin que nous puissions voir le ciel. Allah leur fit un passage et ils purent voir le ciel… »[1]

Usayr ibn Jâbir rapporte : « Dès qu'une caravane arrivait du Yémen, ᶜUmar ibn Al-Khaṯṯâb (ﷺ) leur demandait : « Uways ibn ᶜÂmir est-il parmi vous ? » Jusqu'au jour où il trouva Uways, il lui dit : « Tu es Uways ibn ᶜÂmir — Oui. — De *Mûrâd* puis de *Qarn* ? — Oui. — Tu avais la lèpre et tu en as guéris, sauf une tâche de la taille d'un dirham ? — Oui. — Tu as une mère ? — Oui. — J'ai entendu le Messager d'Allah (ﷺ) dire : « *Uways ibn ᶜÂmir viendra à vous dans une caravane du Yémen, de Murâd puis de Qarn. Il avait la lèpre puis en a guéri sauf une tâche de la taille d'un dirham. Il a une mère à laquelle il est très obéissant. Lorsqu'il conjure Allah de répondre à sa demande, Allah lui répond. Si tu peux lui demander qu'il implore pour toi le pardon d'Allah, fais-le.* » Alors implore pour moi le pardon d'Allah — Ce qu'il fit — Ensuite ᶜUmar lui dit : — Où vas-tu ? — A *Kûfah.* — Veux-tu que je te recommande à son gouverneur ? — Etre avec les pauvres m'est préférable. » L'année suivante, un noble (de *Kûfah*) qui accomplissait le pèlerinage vint voir ᶜUmar qui l'interrogea sur Uways. Il dit : « Je l'ai laissé misérable, ne possédant que peu de biens. » ᶜUmar dit : « J'ai entendu le Messager d'Allah (ﷺ) dire : « *Uways ibn ᶜÂmir viendra à vous dans une caravane du Yémen, de*

[1] Al-Bukhârî et Muslim.

Murâd puis de Qarn. Il avait la lèpre puis en a guéri sauf une tâche de la taille d'un dirham. Il a une mère à laquelle il est très obéissant. Lorsqu'il conjure Allah de répondre à sa demande, Allah lui répond. Si tu peux lui demander qu'il implore pour toi le pardon d'Allah, fais-le. » Cet homme alla voir Uways et lui dit : « Implore pour moi le pardon d'Allah. » Il répondit : « C'est toi qui revient d'un voyage pieux, alors implore toi le pardon pour moi. Tu as vu ᶜUmar ? » Il dit : « Oui. » Et il implora le pardon d'Allah pour lui. Les gens réalisèrent (le rang qui était le sien), et il quitta alors la ville. Je lui ai offert une tunique, et à chaque fois que les gens le voyaient ils disaient : « D'où Uways tient-il cette tunique ? »[1]

La meilleure des formes de bonté

ᶜAbd Allah ibn Dînâr (ﷺ) rapporte : « ᶜAbd Allah ibn ᶜUmar (ﷺ) rencontra un homme sur le chemin de la Mecque. Ibn ᶜUmar le salua, le fit monter sur son âne et lui donna le turban qu'il portait sur la tête. Nous lui dîmes : « Qu'Allah t'accorde la droiture, ce sont des bédouins, ils n'ont besoin que de peu de choses. » ᶜAbd Allah ibn ᶜUmar dit alors : « Cet homme était un proche de ᶜUmar ibn Al-Khaṯṯâb et j'ai entendu le Prophète (ﷺ) dire : « *La meilleure des formes de bonté est de maintenir des liens avec les proches de son père.* »[2]

La désobéissance aux parents fait partie des grands péchés

La désobéissance désigne l'opposition aux parents lorsqu'ils ordonnent une chose permise, ou d'avoir des propos ou actes déplacés envers eux, et cela fait partie des grands péchés.

---

[1] Muslim.
[2] Muslim.

ᶜAbd Allah ibn ᶜAmr ibn Al-ᶜÂs̲ (ﷺ) rapporte que le Prophète (ﷺ) a dit : « *Les grands péchés sont : associer d'autres divinités à Allah, la désobéissance aux parents, le meurtre et le faux serment.* »[1]

Abû Bakrah (ﷺ) rapporte : « On a évoqué les grands péchés devant le Prophète (ﷺ) et il a dit : « *(Les grands péchés sont) : associer d'autres divinités à Allah, la désobéissance aux parents – puis il se mit assis alors qu'il était accoudé et dit – et le faux témoignage ou le mensonge.* »[2]

ᶜAbd Allah ibn ᶜAmr ibn Al-ᶜÂs̲ (ﷺ) rapporte que le Messager d'Allah (ﷺ) a dit : « *Insulter ses parents fait partie des grands péchés.* » On dit : « Ô Messager d'Allah, comment peut-on insulter ses parents ? » Il dit : « *Quelqu'un insulte le père d'une personne (qui en réponse) insulte son père, et il insulte la mère de cette personne (qui en réponse) insulte sa mère.* »[3]

Al-Mughîrah ibn Shuᶜbah (ﷺ) rapporte que le Prophète (ﷺ) a dit : « *Allah vous a interdit de désobéir à vos mères, d'être avides et avares, d'enterrer les filles vivantes, (de vous attarder sur) les on-dit, de poser beaucoup de questions et de gaspiller votre argent.* »[4]

Abû Ad-Dardâ (ﷺ) rapporte que le Prophète (ﷺ) a dit : « *N'entrera pas au Paradis celui qui désobéit à ses parents, l'alcoolique et celui qui ne croit pas au destin.* »[5]

Abû Hurayrah (ﷺ) rapporte que le Prophète (ﷺ) a dit : « *Il n'y a que trois personnes qui aient parlé au berceau : ᶜIsâ fils de Marie (ﷺ), l'enfant (qu'on a attribué à) Jurayj qui était un adorateur vivant dans un monastère. Sa mère vint le voir alors qu'il était en prière et elle*

---

[1] Al-Bukhârî.

[2] Al-Bukhârî et Muslim.

[3] Al-Bukhârî et Muslim.

[4] Al-Bukhârî et Muslim.

[5] Ah̲mad, hadith *h̲asan*.

l'appela : « Ô Jurayj ! » Il dit : « Ô Seigneur, ma mère m'appelle et moi je prie. » *Il choisit de rester en prière et sa mère partit. Au lendemain, elle revint alors qu'il était toujours en prière et elle l'appela :* « Ô Jurayj ! » Il dit : « Ô Seigneur, ma mère m'appelle et moi je prie. » *Il choisit de rester en prière et sa mère partit. Au troisième jour, elle revint alors qu'il était toujours en prière et elle l'appela :* « Ô Jurayj ! » *Il choisit de rester en prière et sa mère dit :* « Ô Allah, ne le fais pas mourir avant qu'il n'est vu le visage des prostituées. » *Les Enfants d'Israël discutèrent un jour de Jurayj et de ses actes d'adorations, et il y a avait parmi eux une prostituée d'une grande beauté qui dit :* « « Si vous le désirez, je peux le séduire pour vous. » *Elle s'offrit alors à lui mais il ne se tourna pas vers elle. Elle s'offrit alors à un berger qui faisait paître son troupeau non loin du monastère et elle tomba enceinte. Lorsqu'elle accoucha, elle dit :* « C'est l'enfant de Jurayj. » *Ils allèrent donc le chercher, lui demandèrent de descendre, détruisirent son monastère et le frappèrent. Il dit :* « Que voulez-vous ? » Ils répondirent : « Tu as forniqué avec cette prostituée et elle a eu un enfant de toi. » Il dit : « Où est l'enfant ? » *Ils amenèrent l'enfant et Jurayj leur dit :* « Laissez-moi accomplir la prière. » Il l'accomplit puis il se tourna vers l'enfant, frappa son ventre et dit : « Ô mon enfant qui est ton père ? » L'enfant répondit : « Mon père est untel, le berger. » *Tous revinrent alors vers Jurayj, ils l'embrassèrent, recherchèrent ses bénédictions et dirent :* « Nous allons te bâtir un monastère en or. » Il dit : « Non, reconstruisez-le en terre comme il était », ce qu'ils firent… »[1]

Il est étonnant de voir certains jeunes obéir à leurs épouses et rompre les liens avec leurs mères et se moquer d'elles, tout comme il est étonnant de voir ces sottes se réjouir à l'idée que leurs maris rompent avec leurs parents. Certains sages ont dit : « Ne crois pas celui qui rompt avec ses parents : il ne te sera pas

---

1 Al-Bukhârî et Muslim.

fidèle car il a rompu avec ceux qui ont plus de droits sur lui que toi. »

Visite tes parents et tiens-toi sur leur tombe
Et sache que bientôt tu les rejoindras
Si tu étais à leur place aujourd'hui et qu'ils étaient vivants
C'est en se traînant au sol et non en marchant qu'ils t'auraient visité
Quelle faute ont-ils commis envers toi
Eux qui ne te portaient que de l'affection
Lorsqu'ils te voyaient souffrant
Ils s'inquiétaient pour toi et cela leur pesait
Lorsqu'ils entendaient tes cris de douleur
Les larmes coulaient sur leurs joues
Et ils auraient souhaité te soulager
En donnant tout ce qu'ils possédaient
Demain ou plus tard tu les rejoindras
Tout comme eux ont rejoint leurs parents
Et tu trouveras tes œuvres
Tout comme eux ont trouvé ce qu'ils ont accompli[1]

Enfin, n'oublie pas de visiter leur tombe, afin qu'Allah (ﷻ) te fasse miséricorde et qu'Il leur pardonne à travers tes invocations et ta demande de pardon. [...]

---

[1] *Al-Birr wa As-Silah*, p.137.

Les droits de la femme sur ses *Maharims*

Le maintien des liens de parenté

Allah (ﷻ) dit :

وَاتَّقُوا اللَّهَ الَّذِي تَسَاءَلُونَ بِهِ وَالْأَرْحَامَ

« ***Craignez Allah au nom duquel vous vous implorez les uns les autres et craignez de rompre les liens de parenté.*** »[1]

وَالَّذِينَ يَصِلُونَ مَا أَمَرَ اللَّهُ بِهِ أَن يُوصَلَ

« ***Ceux qui maintiennent (les liens) qu'Allah a ordonné de maintenir.*** »[2]

Abû Hurayrah (رضي الله عنه) rapporte que le Messager d'Allah (ﷺ) a dit : « *Allah créa la création. Lorsqu'Il eut fini, le lien de parenté se leva et dit : « Je me présente à Toi comme un être qui cherche refuge auprès de Toi contre la rupture (des liens).* » *Il dit : « Oui, voudrais-tu que Je maintienne un lien avec celui qui te maintient et Me coupe de celui qui te rompt ?* » *Le lien de parenté dit : « Certainement !* » *Allah dit : « Alors cela est pour toi.* » Puis le Messager d'Allah (ﷺ) a dit : « *Lisez la Parole d'Allah :*

فَهَلْ عَسَيْتُمْ إِن تَوَلَّيْتُمْ أَن تُفْسِدُوا فِي الْأَرْضِ وَتُقَطِّعُوا أَرْحَامَكُمْ ﴿٢٢﴾ أُولَٰئِكَ الَّذِينَ لَعَنَهُمُ اللَّهُ فَأَصَمَّهُمْ وَأَعْمَىٰ أَبْصَارَهُمْ ﴿٢٣﴾

1 *An-Nisâ'*, v.1.
2 *Ar-Ra^cd*, v.21.

« ***Si vous vous détournez, ne risquez-vous pas de semer la corruption sur terre et de rompre vos liens de parenté ? Ce sont ceux qu'Allah a maudits, et a rendus sourds et aveugles.*** »[1] »[2]

Abû Hurayrah (ﷺ) rapporte qu'un homme a dit : « Ô Messager d'Allah, j'ai des proches avec lesquels je maintiens des liens, mais eux me fuient, je suis bon avec eux et eux me causent du tort, je suis patient avec eux et ils ne le sont pas avec moi. Le Prophète (ﷺ) dit : « *Si c'est comme tu le dis, c'est comme si tu leur faisais avaler de la cendre, Allah ne cessera de te donner le dessus sur eux tant que tu agiras ainsi.* »[3]

Asmâ' bint Abî Bakr As-Siddîq (ﷺ) rapporte : « Ma mère vint me visiter alors qu'elle était polythéiste, du vivant du Prophète (ﷺ). J'ai donc interrogé le Messager d'Allah à ce sujet en lui disant : « Ma mère est venue me visiter et me demande [de maintenir les liens avec elle], dois-je maintenir les liens de parenté ? » Il dit : « *Oui, maintiens ces liens avec ta mère.* »[4]

L'obéissance due à la tante maternelle

Al-Barâ' ibn cÂzib (ﷺ) rapporte : « Le Prophète (ﷺ) a accompli une *cUmrah* pendant le mois de *Dhul Qicdah* [...] Lorsqu'il l'eut accomplie et que le délai [accordé par *Quraysh*] se fut écoulé, ils vinrent voir cAlî (ﷺ) et lui dirent : « Dis à ton compagnon que le délai est écoulé. » Le Prophète (ﷺ) sortit et la fille de Hamzah (ﷺ) les suivit en criant : « Ô mon oncle ! Ô mon oncle ! » cAlî la rejoint et prit sa main. Il dit à Fâtimah : « C'est ta cousine, garde-la près de toi. » cAlî, Zayd et Jacfar (ﷺ) se disputèrent sa garde. cAlî dit : « J'ai plus de droits sur elle, elle est la fille de mon oncle

[1] Sourate ***Muhammad***, v.22-23.
[2] Al-Bukhârî et Muslim.
[3] Muslim.
[4] Al-Bukhârî et Muslim.

paternel. » Ja^cfar dit : « Elle est également la fille de mon oncle paternel et sa tante maternelle est mon épouse. » Zayd dit : « Elle est la fille de mon frère. » Le Prophète (ﷺ) jugea en faveur de la tante maternelle en disant : « *La tante maternelle est comme la mère.* » Il dit également à cAlî : « *Tu es des miens et je suis des vôtres.* » et à Jacfar : « *Tu me ressembles en apparence et dans le comportement.* » et à Zayd : « *Tu es notre frère et notre affranchi.* » »[1]

Cela montre qu'elle a un droit plus grand que les autres proches, car elle est au même rang que celui de la mère.

Le droit à l'héritage de la femme

À ce sujet, les gens sont de trois types : excessifs, négligents ou justes :

Certains sont revenus à la situation de l'époque préislamique en interdisant à la femme son droit à l'héritage, mais l'islam est venu et a élevé la femme en lui donnant un droit à l'héritage. Allah (ﷻ) dit :

لِّلرِّجَالِ نَصِيبٌ مِّمَّا تَرَكَ ٱلْوَٰلِدَانِ وَٱلْأَقْرَبُونَ وَلِلنِّسَآءِ نَصِيبٌ مِّمَّا تَرَكَ ٱلْوَٰلِدَانِ
وَٱلْأَقْرَبُونَ مِمَّا قَلَّ مِنْهُ أَوْ كَثُرَ نَصِيبًا مَّفْرُوضًا ﴿٧﴾

« ***Aux hommes revient une part de ce qu'ont laissé leurs parents et proches (décédés) ; et aux femmes revient une part de ce qu'ont laissé leurs parents et proches, que cela soit peu ou beaucoup : une part fixée.*** »[2]

Al-Hâfidh ibn Kathîr (رحمه الله) a dit : « Sacîd ibn Jubayr et Qatâdah (رحمه الله) ont dit : « Les polythéistes faisaient hériter les hommes adultes et ne donnaient rien aux femmes et aux enfants, alors Allah (ﷻ) a révélé : « ***Aux hommes revient une part de ce***

[1] Al-Bukhârî.
[2] *An-Nisâ'*, v.7.

qu'ont laissé leurs parents et proches (décédés) ». C'est-à-dire que tous ont le même droit devant Allah (ﷻ), tous héritent, même si leur part diffère en fonction de leur lien avec le mort : proches, épouses ou autres, car cela est semblable aux liens de parenté. »

L'imam Al-Bukhârî a intitulé un chapitre de son Sahîh : « L'héritage des filles », puis il a cité le hadith de Sacd ibn Abî Waqqâs (رضي الله عنه) qui dit : « Je suis tombé malade à la Mecque et j'ai guéri alors que je pensais mourir. Le Prophète (ﷺ) me rendit visite et je lui dis : « Ô Messager d'Allah, j'ai beaucoup d'argent et je n'ai qu'une fille pour hériter, puis-je faire l'aumône de tous mes biens ? » Il me dit : « *Non.* » Je dis : « La moitié alors ? » Il me dit : « *Non.* » Je dis : « Et le tiers ? » Il dit : « *Va pour le tiers, mais c'est déjà beaucoup. Que tu laisses tes héritiers riches est meilleur que de les laisser pauvres mendiant auprès des gens. Quoi que tu dépenses (pour ta famille) c'est une aumône, jusqu'à la bouchée que tu mets dans la bouche de ton épouse.* » Je dis : « Ô Messager d'Allah ! Manquerais-je à mon émigration ? » Il dit : « *Tu ne vivras pas après moi et n'accompliras aucun acte en espérant la récompense d'Allah sans que cela ne t'élève auprès d'Allah. Peut-être qu'Allah prolongera ta vie assez longtemps pour que certaines personnes [les musulmans] profitent [de tes hauts faits], et que d'autres [les mécréants] en pâtissent. Mais le plus malheureux est Sacd ibn Khawlah.* » Le Messager d'Allah (ﷺ) déplorait ainsi que Sa'd soit mort à la Mecque[1]. Sufyân a dit : « Sacd ibn Khawlah est un homme de la tribu des Banî cÂmir ibn Lucay. »

---

[1] Émigrer pour Allah impliquait de ne plus retourner dans la ville dont on a émigré afin d'y résider à nouveau, même après avoir été conquise par les musulmans. C'est la raison pour laquelle le Prophète (ﷺ) demanda aux compagnons, après la prise de la Mecque, de retourner à Médine. Le Prophète (ﷺ) fut triste pour Sacd du fait qu'il décéda à la Mecque et ne put donc retourner à Médine. [NdT]

Al-Aswad ibn Yazîd rapporte : « Muᶜâdh ibn Jabal (ﷺ) est venu au Yémen en tant qu'enseignant et émir. Nous l'avons interrogé au sujet d'un homme décédé en laissant une fille et une sœur. Mu'adh décréta qu'il fallait donner la moitié de l'héritage à chacune d'entre elles. »

Huzayl ibn Shar<u>h</u>abîl rapporte : « On a interrogé Abû Mûsâ (ﷺ) à propos de l'héritage d'un homme qui a laissé une fille, une petite-fille et une soeur. Il dit : « La moitié de l'héritage doit revenir à la fille et l'autre moitié à la soeur. Allez interroger Ibn Masᶜûd (ﷺ), il vous dira la même chose. » Nous avons donc interrogé Ibn Masᶜûd et l'avons informé de la parole d'Abû Mûsâ. Il dit : « [Si je disais la même chose] je m'égarerais et ne serais point guidé. Le jugement que je donne sera celui du Prophète (ﷺ) qui a donné la moitié à la fille, à la petite-fille le sixième - ce qui donne deux tiers - et ce qui reste revient à la sœur. Nous rapportâmes cela à Abû Mûsâ qui dit : « Ne m'interrogez plus tant que ce grand savant [*<u>H</u>abr*] est parmi vous. »

Ibn ᶜAbbâs (ﷺ) rapporte : « L'argent revenait au fils et le legs testamentaire aux parents. Allah a abrogé cela comme Il l'a voulu et a donné à l'homme la part de deux femmes, à chacun des parents le sixième, à l'épouse le huitième ou le quart, et à l'époux la moitié ou le quart. »[1]

Jâbir ibn ᶜAbd Allah (ﷺ) rapporte : « Le Prophète (ﷺ) entra chez moi alors que j'étais malade. Il demanda de l'eau et fit ses ablutions. Il m'aspergea de l'eau de ses ablutions et je me réveillai alors. Je dis : « Ô Messager d'Allah, je n'ai que des sœurs » Et c'est alors que les versets de l'héritage ont été révélés. »

---

1 Al-Bukhârî.

Le deuxième type de personnes sont ceux qui ont accordé un droit à l'héritage à la femme, mais lui ont accordé une part égale à celle de l'homme, en prétendant qu'il serait injuste qu'il n'en soit pas ainsi. Mais ils ignorent que ce sont eux les injustes, car ils ont été injustes envers la femme et l'homme, alors que toute la vérité et la justice résident dans la parole d'Allah. Allah (ﷻ) a donné sa part à la femme et ne l'a pas lésée, et Il a donné sa part à l'homme sans le léser, c'est un partage émanant d'un Sage, Savant. Allah (ﷻ) dit :

يُوصِيكُمُ ٱللَّهُ فِىٓ أَوْلَـٰدِكُمْ ۖ لِلذَّكَرِ مِثْلُ حَظِّ ٱلْأُنثَيَيْنِ ۚ

« ***Voici ce qu'Allah vous enjoint au sujet de vos enfants : au fils revient une part équivalente à celle de deux filles.*** »[1]

Al-Hâfidh ibn Kathîr (رحمه الله) a dit : « Allah (ﷻ) a donné à l'homme la part de deux femmes car l'homme doit subvenir aux besoins de sa famille, se fatiguer, faire face aux difficultés du commerce et de la recherche de profits, et du fardeau que cela représente. C'est pourquoi il convient qu'on lui donne deux fois ce qu'obtient la femme. »

La femme a un droit complet dans l'héritage, dans les limites du Coran et de la Sunna, ne faisant subir et ne subissant aucune injustice. Allah (ﷻ) dit :

ءَابَآؤُكُمْ وَأَبْنَآؤُكُمْ لَا تَدْرُونَ أَيُّهُمْ أَقْرَبُ لَكُمْ نَفْعًا ۚ فَرِيضَةً مِّنَ ٱللَّهِ ۗ إِنَّ ٱللَّهَ كَانَ عَلِيمًا حَكِيمًا

« ***Vous ne savez pas qui, de vos parents ou vos enfants, vous sera le plus utile. Ceci est un ordre d'Allah, et Allah est certes Omniscient et Sage.*** »[2]

---

[1] Sourate *An-Nisâ'*, v.11.

[2] Sourate *An-Nisâ'*, v.11.

Al-Hâfidh ibn Kathîr (رحمه الله) a dit : « Sa Parole : « ***Ceci est un ordre d'Allah*** » signifie que le partage que Nous avons exposé et l'octroi plus large à certains héritiers est un ordre d'Allah qu'Il a prédestiné et légiféré. Et Allah est Savant et Sage, Il met les choses à leur place et donne à chacun ce qu'il mérite, c'est pourquoi Il dit : « ***Allah est certes Omniscient et Sage.*** »

De plus, Allah (تعالى) a mis en garde ceux qui les spolient de tout ou partie de leur droit à l'héritage, en toute injustice et iniquité, ou qui règlent le partage par une loi autre que celle d'Allah :

وَلْيَخْشَ ٱلَّذِينَ لَوْ تَرَكُوا۟ مِنْ خَلْفِهِمْ ذُرِّيَّةً ضِعَـٰفًا خَافُوا۟ عَلَيْهِمْ فَلْيَتَّقُوا۟ ٱللَّهَ
وَلْيَقُولُوا۟ قَوْلًا سَدِيدًا ﴿٩﴾ إِنَّ ٱلَّذِينَ يَأْكُلُونَ أَمْوَٰلَ ٱلْيَتَـٰمَىٰ ظُلْمًا إِنَّمَا يَأْكُلُونَ فِى
بُطُونِهِمْ نَارًا ۖ وَسَيَصْلَوْنَ سَعِيرًا ﴿١٠﴾

« ***Que craignent [Allah] ceux qui laissent derrière eux une descendance faible, et s'inquiètent à leur sujet, qu'ils craignent Allah et prononcent des paroles justes. Ceux qui mangent injustement les biens des orphelins ne font que remplir leur ventre de feu. Ils brûleront bientôt dans les flammes de l'Enfer.*** »[1]

Al-Hâfidh ibn Kathîr (رحمه الله) a dit : « Sa Parole « ***Que craignent (Allah) ceux qui laissent derrière eux une descendance faible, et s'inquiètent à leur sujet, qu'ils craignent Allah*** » concerne le fait de prendre les biens de l'orphelin :

وَلَا تَأْكُلُوهَآ إِسْرَافًا وَبِدَارًا أَن يَكْبَرُوا۟

« ***Ne gaspillez pas et ne dépensez pas leurs biens avant qu'ils ne grandissent.*** »[2]

---

1 Sourate *An-Nisâ'*, v.9-10.

2 Sourate *An-Nisâ'*, v.6.

Ibn Jarîr a rapporté cette interprétation d'après Al-ᶜAwfî d'après Ibn ᶜAbbâs (ﷺ). Et c'est là une interprétation judicieuse appuyée par la mise en garde qui suit contre le fait de dépenser les biens de l'orphelin en tout injustice. En d'autres termes : tout comme vous aimeriez que l'on traite convenablement vos enfants après votre mort, faites de même avec les enfants des autres lorsqu'ils vous sont confiés. Allah (ﷻ) leur a ensuite montré que celui qui s'approprie injustement les biens de l'orphelin ne fait qu'emplir son ventre de feu, c'est pourquoi Il dit : « ***Ceux qui consomment injustement les biens des orphelins ne font que remplir leur ventre de feu. Ils brûleront bientôt dans les flammes de l'Enfer.*** »

C'est-à-dire que s'ils consomment sans raison valable des biens des orphelins, ils ne font que consommer du feu qui s'embrasera dans leur ventre au Jour de la Résurrection.

Abû Hurayrah (ﷺ) rapporte que le Prophète (ﷺ) a dit : « *Eloignez-vous des sept péchés capitaux.* » Les gens dirent : « Quels sont-ils ? » Il dit : « *Associer d'autres divinités à Allah, la sorcellerie, le meurtre illégitime, consommer les biens issus de l'intérêt usuraire, consommer les biens de l'orphelin, fuir au combat et accuser les croyantes innocentes (d'adultère).* »[1]

Allah (ﷻ) dit à la fin des versets sur l'héritage :

تِلْكَ حُدُودُ ٱللَّهِ ۚ وَمَن يُطِعِ ٱللَّهَ وَرَسُولَهُۥ يُدْخِلْهُ جَنَّٰتٍ تَجْرِى مِن تَحْتِهَا ٱلْأَنْهَٰرُ خَٰلِدِينَ فِيهَا ۚ وَذَٰلِكَ ٱلْفَوْزُ ٱلْعَظِيمُ ﴿١٣﴾ وَمَن يَعْصِ ٱللَّهَ وَرَسُولَهُۥ وَيَتَعَدَّ حُدُودَهُۥ يُدْخِلْهُ نَارًا خَٰلِدًا فِيهَا وَلَهُۥ عَذَابٌ مُّهِينٌ

« ***Telles sont les lois d'Allah. Et quiconque obéit à Allah et Son messager, Il le fera entrer dans des Jardins sous lesquels coulent des ruisseaux, pour y demeurer éternellement. Et voilà la***

[1] Al-Bukhârî et Muslim.

grande réussite. Et quiconque désobéit à Allah et Son messager, et transgresse Ses lois, Il le fera entrer au Feu pour y demeurer éternellement. Et il aura un châtiment avilissant. »[1]

Al-Hâfidh ibn Kathîr (ﷺ) a dit : « C'est-à-dire : ces règles de l'héritage et ces parts qu'Allah (ﷻ) a accordées à chacun des héritiers en fonction de leur proximité avec le mort, le besoin qu'ils éprouvent à son égard, leur dépendance se manifestant en son absence sont les limites d'Allah, ne les transgressez et ne les dépassez pas. C'est pourquoi Il dit : « ***Et quiconque obéit à Allah et Son messager*** » sans octroyer plus à certains héritiers ou en léser d'autres de manière perfide ou autre, mais qui s'en tient aux règles et au partage d'Allah : « ***Il le fera entrer dans des Jardins sous lesquels coulent des ruisseaux, pour y demeurer éternellement. Et voilà la grande réussite. Et quiconque désobéit à Allah et Son messager, et transgresse Ses lois, Il le fera entrer au Feu pour y demeurer éternellement. Et il aura un châtiment avilissant.*** » Ceci car il a changé ce qu'Allah (ﷻ) a légiféré et s'y est opposé. Or ceci n'émane que d'une personne qui rejette le partage et le jugement d'Allah. C'est pourquoi elle sera récompensée en étant humilié par un châtiment éternel et avilissant. »

Quant à ceux qui sont justes, ils sont ceux qui acceptent le jugement et le partage d'Allah, comme nous l'avons vu lorsque nous avons évoqué le partage de l'héritage.

---

[1] Sourate ***An-Nisâ'***, v.13-14.

Les femmes et la science religieuse

Allah (سبحانه وتعالى) dit :

يَرْفَعِ اللَّهُ الَّذِينَ آمَنُوا مِنكُمْ وَالَّذِينَ أُوتُوا الْعِلْمَ دَرَجَاتٍ

« ***Allah élèvera en degrés ceux d'entre vous qui auront cru et ceux qui auront reçu le savoir.*** »[1]

قُلْ هَلْ يَسْتَوِي الَّذِينَ يَعْلَمُونَ وَالَّذِينَ لَا يَعْلَمُونَ ۗ إِنَّمَا يَتَذَكَّرُ أُولُو الْأَلْبَابِ

« ***Dis : « Sont-ils égaux, ceux qui savent et ceux qui ne savent pas ? » Seuls les doués d'intelligence se rappellent.*** »[2]

وَقُل رَّبِّ زِدْنِي عِلْمًا

« ***Dis : Ô Seigneur accrois ma science.*** »[3]

ᶜUthmân (رضي الله عنه) rapporte que le Messager d'Allah (ﷺ) a dit : « *Le meilleur d'entre vous est celui qui apprend le Coran et l'enseigne.* »[4]

Zayd ibn Thâbit (رضي الله عنه) rapporte qu'il a entendu le Messager d'Allah (ﷺ) dire : « *Qu'Allah illumine le visage d'un homme qui entend de moi une parole, l'apprend et la transmet. Beaucoup transmettent une science à des gens plus savants qu'eux, et beaucoup de ceux qui possèdent une science ne sont pas savants.* »[5]

Ces preuves et celles qui s'y rapportent dans l'encouragement à rechercher la science sont générales et rien ne vient en spécifier la portée, et le fait de se réunir pour apprendre la science dans les mosquées est meilleur et plus méritoire.

---

[1] *Al-Mujâdalah*, v.11.

[2] *Az-Zumar*, v.9.

[3] *Tâ-Hâ*, v.114.

[4] Al-Bukhârî.

[5] Abû Dâwûd, hadith sahîh.

Abû Hurayrah (ﷺ) rapporte que le Messager d'Allah (ﷺ) a dit : « *Celui qui soulage un croyant d'une peine, Allah le soulagera d'une peine au Jour de la Résurrection. Celui qui facilite une chose à un croyant Allah lui facilitera cette vie d'ici-bas et l'au-delà. Allah aide Son serviteur tant que celui-ci aide son frère, et celui qui emprunte un chemin pour rechercher la science, Allah lui facilite un chemin vers le Paradis. Aucun groupe ne se réunit dans les maisons d'Allah pour lire le Coran et l'étudier entre eux, sans que la quiétude ne descende sur eux, que la miséricorde ne les recouvre, que les anges ne les entourent et qu'Allah n'évoque (leurs noms) parmi ceux qui sont près de Lui. Et celui dont les mauvais actes l'ont retardé, ne pourra espérer rattraper le temps perdu par sa lignée.* »[1]

ᶜUqbah ibn ᶜÂmir (ﷺ) rapporte que le Prophète (ﷺ) est sorti alors qu'ils étaient assis dans *As-Suffah*[2] et il dit : « *Qui d'entre vous aimerait se lever tous les jours au bord d'une rivière ou d'une vallée avec deux chamelles pleines, sans commettre aucun péché ni rompre de liens de parenté ?* » Les gens dirent : « Ô Messager d'Allah, nous aimerions cela. » Il dit : « *Venir de bon matin à la mosquée pour enseigner ou lire deux versets du Coran est meilleur que deux chamelles, trois versets sont meilleurs que trois chamelles, et quatre versets sont meilleurs que leur équivalent en nombre de chameaux.* »[3]

Ces preuves sont également générales et ne sont pas spécifiques aux hommes, bien au contraire. A l'époque du Prophète (ﷺ) les femmes se rendaient aux mosquées pour acquérir la science, le Prophète (ﷺ) les a même conseillées spécifiquement.

---

[1] Muslim.
[2] *As-Suffah* était un lieu jouxtant la mosquée où dormaient les pauvres. [NdT]
[3] Muslim.

Fâṯimah bint Qays (ﷺ) rapporte dans son long hadith sur l'Espionne [de l'île du Faux Messie] : « A la fin de ma période de menstrues, j'ai entendu le muezzin du Prophète (ﷺ) appeler : « La prière en commun » je suis donc allée à la mosquée et j'ai prié avec le Messager d'Allah (ﷺ). J'étais dans le rang des femmes derrière les hommes. Lorsque le Prophète (ﷺ) eut terminé la prière, il s'assit sur la chaire en riant et il dit : « *Restez tous à vos places* » puis il dit : « *Savez-vous pourquoi je vous ai réunis ?* » Les gens dirent : « Allah et Son Messager savent mieux. » Il dit : « *Par Allah, je ne vous ai pas réunis pour vous exhorter ou vous mettre en garde, mais parce que Tamîm Ad-Dârî qui était chrétien est venu me prêter serment d'allégeance et se convertir…* »[1]

ᶜUmrah bint ᶜAbd Ar-Rahmân (ﷺ) rapporte de sa sœur : « J'ai appris sourate *Qâf* de la bouche du Messager d'Allah (ﷺ) qui la récitait sur la chaire tous les vendredis. »[2]

Ibn ᶜAbbâs (ﷺ) rapporte qu'il a vu le Prophète (ﷺ) se diriger avec Bilâl (ﷺ) vers les femmes [le jour de la prière de la fête] car il pensait qu'elles n'avaient pas entendu. Il les exhorta et leur ordonna de donner l'aumône. Les femmes jetaient alors leurs boucles d'oreille et leurs bagues que Bilâl ramassait dans son vêtement. »[3]

Abû Saᶜîd Al-Khudhrî (ﷺ) rapporte : « Le Messager d'Allah (ﷺ) est sorti pour la prière du sacrifice ou de la rupture [du jeûne] en direction de la *Muṣallâ*[4], il passa devant les femmes et leur dit : « *Ô vous les femmes ! Donnez l'aumône car j'ai vu que vous étiez les plus nombreuses parmi les gens de l'Enfer.* » Elles

1 Muslim.
2 Muslim.
3 Al-Bukhârî.
4 Lieu en dehors de la ville où on accomplit la prière de la fête. [NdT]

dirent : « Et pourquoi, ô Messager d'Allah ? » Il dit : « *Vous maudissez beaucoup, vous reniez le bien [que vos maris vous accordent] et je n'ai vu aucun être déficient dans sa raison et sa religion plus à même que vous de détourner l'homme raisonnable.* » Elles dirent : « Et quel est notre manque dans la religion et la raison, ô Messager d'Allah ? » Il dit : « *Le témoignage de la femme ne vaut-il pas la moitié de celui de l'homme ?* » Elles dirent : « Certes ! » Il dit : « *Voilà leur manque de raison. Et n'est-ce pas que lorsqu'elles sont en état de menstrues, elles ne prient ni ne jeûnent ?* » Elles dirent : « Certes ! » Il dit : « *Voilà leur manque de religion.* »[1]

Abû Sacîd Al-Khudhrî (ﷺ) rapporte que les femmes ont dit au Prophète (ﷺ) : « Les hommes t'ont accaparé, accorde-nous un jour. » Il leur accorda ce jour, les exhorta et leur donna des ordres, et parmi les choses qu'il leur a dites : « *Aucune femme ne perd trois enfants sans que cela ne soit une protection entre elle et l'Enfer.* » Une femme dit : « Et deux ? » Il dit : « *Même deux.* »[2]

Une seule de ces preuves suffit pour montrer la nullité de ces vers :

Les femmes n'ont pas à apprendre à lire ou à écrire
Elles nous appartiennent et n'ont de droit sur nous que le rapport sexuel

De même, ces preuves sont autant d'arguments contre ceux qui considèrent qu'étudier la science religieuse dans les mosquées est une innovation en ce qui concerne les femmes. Plus étonnant encore, comment peut-on empêcher son épouse de se rendre aux Maisons d'Allah pour étudier tout en lui permettant d'aller d'une maison à une autre et d'un magasin à un autre.

---

[1] Al-Bukhârî et Muslim.
[2] Al-Bukhârî.

Le Prophète (ﷺ) a dit : « *N'interdisez pas aux servantes d'Allah de se rendre aux mosquées d'Allah.* ». Par quelle preuve authentique ces gens peuvent-ils interdire d'étudier à la mosquée et l'autoriser dans les maisons ? Nous n'acceptons pas, tout comme nos savants, et je désigne par là les savants de la Sunna, de vider les mosquées de ces assises de science pour les déplacer dans les maisons. La bénédiction de la science est dans les mosquées pour les hommes et les femmes, et celui qui veut établir une différence entre les deux doit apporter une preuve. L'aide est auprès d'Allah et nous demandons à Allah qu'Il nous donne la compréhension de la religion et qu'il fasse que nous soyons profitables pour l'islam et les musulmans. Il en est certes le responsable et peut le réaliser.

Ce que l'on peut apprendre des femmes

ᶜÂ'ishah (رضي الله عنها) rapporte : « Deux vieilles juives de Médine sont venues à moi et m'ont dit : « Les morts sont châtiés dans leur tombe. » Je les ai démenties et ne voulais pas leur donner raison. Elles sont sorties et le Prophète (ﷺ) est entré chez moi, je lui dis : « Ô Messager d'Allah, voici ce que m'ont dit ces deux vieilles femmes. » Il dit : « *Elles ont dit vrai. Ils subissent un châtiment qu'entendent tous les animaux.* » Suite à cela, il n'était pas une seule prière sans que le Prophète (ﷺ) cherche protection auprès d'Allah contre le châtiment de la tombe. »[1]

Umm Salamah (رضي الله عنها) rapporte : « J'ai dit : « Ô Messager d'Allah, j'ai de nombreuses tresses, dois-je les défaire pour accomplir les grandes ablutions lorsque je suis en état de grande impureté ? » Il dit : « *Non, il te suffit de verser sur ta tête trois poignées d'eau, puis de verser de l'eau sur tout ton corps et de te purifier.* »[2]

1 Al-Bukhârî.
2 Muslim.

cÂ'ishah (﵂) rapporte : « Une femme est venue demander au Prophète (ﷺ) comment elle devait se purifier de sa période de menstrues ? » Il lui enseigna comment faire ses grandes ablutions et lui dit de prendre un tissu parfumé de musc afin de se purifier. Elle dit : « Comment dois-je me purifier avec ce tissu ? » Il dit : « *Gloire à Allah ! Tu te purifies avec !* » Et le Prophète (ﷺ) se cacha le visage. Je l'appelai alors vers moi et lui expliquai ce qu'avait voulu dire le Prophète (ﷺ). Je lui dis : « Nettoie les traces de sang avec ce tissu. »[1]

Mucâdhah rapporte : « J'ai demandé à cÂ'ishah (﵂) : « Pourquoi la femme en état de menstrues rattrape-t-elle les jours de jeûne manqués et pas les prières ? » Et elle me dit : « Es-tu de Harûrah[2] ? » Je dis : « Non, mais je demande. » Elle dit : « Cela nous arrivait (les menstrues) [du vivant du Prophète] et on nous ordonnait de rattraper les jours de jeûne manqués et pas les prières. »[3]

Zaynab bint Abî Salamah (﵂) rapporte de la Mère des croyants : « Umm Sulaym, l'épouse d'Abû Talhah, se présenta au Prophète (ﷺ) et lui dit : « Ô Messager d'Allah, Allah ne se gêne pas de la vérité : la femme doit-elle accomplir ses grandes ablutions lorsqu'elle a un rêve érotique ? » Il dit : « *Oui, si elle voit qu'elle a secrété quelque liquide.* »[4]

Fâtimah bint Qays (﵂) rapporte qu'Abû cAmr ibn Hafs divorça d'elle définitivement alors qu'il était absent. Il envoya donc son représentant qui vint à elle avec de l'orge, et elle se mit en colère contre lui. Le représentant d'Abû cAmr dit : « Tu ne peux rien exiger de nous. » Elle se rendit donc chez le

---

[1] Muslim.

[2] Ville d'Irak où se sont regroupé les *khawârijs* connus pour leur extrémisme. [NdT]

[3] Al-Bukhârî et Muslim.

[4] Al-Bukhârî.

Prophète (ﷺ) et lui rapporta ce qui s'était passé. Il dit : « *Il n'a pas à subvenir à tes besoins.* » Et il lui ordonna qu'elle accomplisse sa période de viduité dans la maison d'Umm Sharîk, puis il dit : « *Accomplis ta période de viduité chez Ibn Umm Maktûm car il est aveugle, au cas où tu te déshabillerais, et lorsque tu auras terminé, avertis-moi.* » Elle dit : « Lorsque ma période prit fin, je lui dis que Mu^câwiyah ibn Abî Sufyân et Abû Jahm m'avaient demandé en mariage. » Le Messager d'Allah (ﷺ) dit : « *Pour ce qui est d'Abû Jahm, son bâton ne quitte pas son épaule*[1]*, quant à Mu*ᶜ*âwiyah, c'est un pauvre qui n'a pas d'argent. Épouse plutôt Usâmah ibn Zayd.* » Chose que je ne désirais pas. Mais il répéta : « *Epouse Usâmah ibn Zayd.* » Je l'ai alors épousé et Allah a mis un grand bien dans ce mariage et je fus très heureuse. »[2]

Ce ne sont que quelques exemples de nombreuses preuves montrant que l'on peut prendre des femmes les règles de la purification, de la prière, du jeûne, du pèlerinage et d'autres choses encore qui ne nous sont parvenues que par l'intermédiaire des femmes, de celles qui recherchaient la science et la religion authentique parmi les épouses du Prophète (ﷺ) et les épouses des compagnons, qu'Allah les agrée tous.

Pourquoi la science serait-elle l'apanage des seuls hommes alors que les femmes représentent la moitié de la société, voire la majeure partie à notre époque ? En étudiant, elles préservent la société de beaucoup de tentations et de perversité, car la science les éduque et fait d'elles un soutien pour leurs époux, une conseillère pour leurs parents, une éducatrice pour leurs enfants, en les menant vers le bien et la rectitude. Craignez donc Allah, ô vous les étudiants en science religieuse, et ne vous dispensez pas d'enseigner la science à vos femmes. Et je parle en particulier des étudiants en science religieuse car ils se sont spécialisés dans ce

---

[1] C'est-à-dire qu'il est violent [NdT]

[2] Muslim.

domaine et malgré cela, les voilà qui négligent d'enseigner la religion à leur famille ! Et c'est auprès d'Allah que nous cherchons l'aide.

Ordonner le bien et interdire le mal

Parmi les droits des croyantes sur les croyants est le commandement du bien et l'interdiction du mal. Allah (ﷻ) dit :

كُنتُمْ خَيْرَ أُمَّةٍ أُخْرِجَتْ لِلنَّاسِ تَأْمُرُونَ بِالْمَعْرُوفِ وَتَنْهَوْنَ عَنِ الْمُنكَرِ
وَتُؤْمِنُونَ بِاللَّهِ

« ***Vous êtes la meilleure communauté qu'on ait fait surgir pour les hommes, vous ordonnez le convenable, interdisez le blâmable et croyez en Allah.*** »[1]

لُعِنَ الَّذِينَ كَفَرُوا مِن بَنِي إِسْرَائِيلَ عَلَىٰ لِسَانِ دَاوُودَ وَعِيسَى ابْنِ مَرْيَمَ ۚ
ذَٰلِكَ بِمَا عَصَوا وَّكَانُوا يَعْتَدُونَ ﴿٧٨﴾ كَانُوا لَا يَتَنَاهَوْنَ عَن
مُّنكَرٍ فَعَلُوهُ ۚ لَبِئْسَ مَا كَانُوا يَفْعَلُونَ ﴿٧٩﴾

« ***Les fils d'Israël qui ont mécru ont été maudits par Dâwûd et ᶜÎsâ fils de Marie pour leur désobéissance et leur transgression. Ils ne s'interdisaient pas mutuellement le mal qu'ils accomplissaient. Comme est mauvais ce qu'ils faisaient !*** »[2]

Abû Saᶜîd Al-Khudrî (رضي الله عنه) rapporte qu'il a entendu le Prophète (ﷺ) dire : « *Quiconque voit un mal qu'il le change de sa main, s'il en est incapable, alors par sa langue, et s'il en est incapable, par son cœur, et cela est le plus bas degré de la foi.* »[3]

---

[1] *Âl ᶜImrân*, v.110.
[2] *Al-Mâ'idah*, v.78-79.
[3] Muslim.

Abû Sa^cîd Al-Khudrî (ﷺ) rapporte qu'il a entendu le Prophète (ﷺ) dire : « *Prenez garde à vous asseoir dans la rue !* » Ils dirent : « Ô Messager d'Allah, (parfois) nous y sommes contraints pour discuter. » Il dit : « *Si vous y êtes contraints, alors donnez à la rue son droit.* » Ils dirent : « Et quel est son droit ? » Il dit : « *Baissez le regard, ne causez aucun tort, répondez au salâm, ordonnez le bien et interdisez le mal.* »[1]

Anas (ﷺ) rapporte que le Prophète (ﷺ) passa près d'une femme qui pleurait devant une tombe, il lui dit : « *Crains Allah et patiente.* » Elle dit : « Laisse-moi car tu n'as pas été frappé comme je l'ai été » sans savoir que c'était le Prophète (ﷺ). Lorsqu'on le lui dit, elle se rendit chez lui mais ne put entrer, elle dit : « Je ne t'ai pas reconnu. » Il dit : « *La patience ne se manifeste vraiment qu'au premier choc.* »[2]

Umm Ad-Dardâ (ﷺ) rapporte qu'elle a rencontré le Prophète (ﷺ) un jour et qu'il lui a dit : « *D'où viens-tu, ô Umm Ad-Dardâ ?* » Elle répondit : « Je reviens des bains publics » Il lui dit : « *Il n'est pas une femme qui retire son vêtement sans qu'elle ne déchire le voile (de pudeur et de protection) entre elle et Allah.* »[3]

---

[1] Al-Bukhârî et Muslim.

[2] Al-Bukhârî et Muslim.

[3] Ahmad, hadith *hasan*.

Les croyantes et croyants sont alliés les uns des autres, dans les limites de la Législation

Allah (سبحانه وتعالى) dit :

وَٱلۡمُؤۡمِنُونَ وَٱلۡمُؤۡمِنَٰتُ بَعۡضُهُمۡ أَوۡلِيَآءُ بَعۡضٖۚ يَأۡمُرُونَ بِٱلۡمَعۡرُوفِ وَيَنۡهَوۡنَ عَنِ ٱلۡمُنكَرِ
وَيُقِيمُونَ ٱلصَّلَوٰةَ وَيُؤۡتُونَ ٱلزَّكَوٰةَ وَيُطِيعُونَ ٱللَّهَ وَرَسُولَهُۥٓۚ أُوْلَٰٓئِكَ سَيَرۡحَمُهُمُ ٱللَّهُۗ
إِنَّ ٱللَّهَ عَزِيزٌ حَكِيمٞ ﴿٧١﴾

« ***Les croyants et les croyantes sont alliés les uns des autres. Ils ordonnent le bien, interdisent le blâmable, accomplissent la prière, acquittent la Zakât et obéissent à Allah et à Son messager. Voilà ceux auxquels Allah fera miséricorde, car Allah est Puissant et Sage.*** »[1]

L'imam As-Shawkânî (رحمه الله) a dit : « Sa Parole « ***alliés les uns des autres*** » signifie que leurs cœurs sont unis par l'affection, l'amour et les sentiments en raison de leur union dans la religion et la foi en Allah. »[2]

An-Nucmân ibn Bashîr (رضي الله عنه) rapporte que le Prophète (ﷺ) a dit : « *Les croyants, dans leur affection, miséricorde et sentiments, sont comparables à un seul corps : si un membre se plaint d'une douleur, l'ensemble du corps souffre de fièvre et d'insomnie.* »[3]

Abû Qatâdah (رضي الله عنه) rapporte que le Prophète (ﷺ) a dit : « *Parfois je me lève pour accomplir la prière en voulant réciter longuement, mais*

---

1 Sourate ***At-Tawbah***, v.71.

2 *Fath Al-Qadîr* (2/400).

3 Al-Bukhârî et Muslim.

j'entends les pleurs d'un enfant. Je raccourcis alors ma prière de peur de rendre la situation pénible à sa mère. »[1]

Abû Hurayrah (ﷺ) rapporte que le Prophète (ﷺ) a dit : « *Celui qui vient en aide à la veuve et au pauvre est comme celui qui combat sur le sentier d'Allah, ou comme celui qui prie la nuit et jeûne le jour.* »[2]

cÂ'ishah (ﷺ) rapporte qu'une femme s'est mariée à un homme des *Ansârs*, le Prophète (ﷺ) lui dit alors : « *Ô cÂ'ishah, avez-vous entonné des chants ? Car les Ansârs aiment les amusements.* »[3]

Anas ibn Mâlik (ﷺ) rapporte que le Prophète (ﷺ) vit des femmes et des enfants revenir d'un mariage, il se leva avec vigueur et leur dit : « *Par Allah, vous êtes parmi ceux que j'aime le plus.* »[4]

Jâbir (ﷺ) rapporte que le Messager d'Allah (ﷺ) est entré chez Umm As-Sâ'ib ou Umm Al-Musayyib et dit : « *Qu'as-tu Umm As-Sâcib – ou Umm Al-Musayyib – à souffler ainsi ?* » Elle dit : « C'est la fièvre, qu'Allah ne la bénisse pas. » Il dit : « *N'insulte pas la fièvre, car elle expie les fautes du fils d'Adam, comme le forgeron purifie le fer (de ses impuretés).* »[5]

Umm cAlâ (ﷺ) rapporte que le Messager d'Allah (ﷺ) lui rendit visite alors qu'elle était malade et lui dit : « *Réjouis-toi, ô Umm Al-cAlâ, car par la maladie Allah purifie le musulman de ses fautes comme le feu purifie l'or et l'argent.* »[6]

---

[1] Al-Bukhârî.
[2] Al-Bukhârî et Muslim.
[3] Al-Bukhârî.
[4] Al-Bukhârî.
[5] Muslim.
[6] Abû Dâwûd, hadith *hasan*.

Anas (رضي الله عنه) rapporte qu'Abû Bakr dit à ᶜUmar (رضي الله عنه) après la mort du Prophète (ﷺ) : « Viens avec nous visiter Umm Ayman comme le faisait le Messager d'Allah (ﷺ). » Lorsqu'ils arrivèrent chez elle, elle pleurait et ils lui dirent : « Qu'est-ce qui te fait pleurer ? Ce qui est auprès d'Allah est meilleur pour le Messager d'Allah. » Elle dit : « Je pleure, non parce que j'ignore que ce qui est auprès d'Allah est meilleur pour le Messager d'Allah, mais je pleure car la révélation s'est arrêtée et ne descendra plus du ciel. » Elle les émut et ils se mirent alors à pleurer avec elle. [1]

ᶜAṯâ (رضي الله عنه) rapporte : « Je suis entré avec ᶜUbayd ibn ᶜUmayr chez ᶜÂ'ishah (رضي الله عنها) et elle dit à ᶜUbayd: « Tu t'es enfin décidé à nous rendre visite ? » Il dit : « Ô Mère, comme on dit : viens rarement tu seras plus aimé encore. » Elle dit : « Épargne-nous tes histoires. » ᶜUmayr poursuivit : « Informe-nous de la chose la plus étonnante que tu aies vu chez le Messager d'Allah (ﷺ). » Elle se tut un moment puis dit : « Une nuit, il me dit : « *Ô ᶜÂ'ishah, laisse-moi consacrer une nuit d'adoration à mon Seigneur.* » Je lui dis : « Par Allah, j'aime ta présence auprès de moi, et j'aime ce qui te rend heureux. » Il s'est donc levé, a fait ses ablutions et a commencé à prier. Et il n'a cessé de pleurer jusqu'à mouiller son visage, puis sa barbe et même le sol. Lorsque Bilâl arriva pour appeler à la prière du *Fajr*, il trouva le Prophète (ﷺ) en pleurs et lui dit : « Ô Messager d'Allah, tu pleures alors qu'Allah t'a pardonné tes péchés passés et futurs ? » Il répondit : « *Ne serais-je pas un serviteur reconnaissant ? Cette nuit on m'a révélé un verset, malheur à celui qui le lit et ne le médite pas :*

إِنَّ فِي خَلْقِ ٱلسَّمَٰوَٰتِ وَٱلْأَرْضِ وَٱخْتِلَٰفِ ٱلَّيْلِ وَٱلنَّهَارِ لَءَايَٰتٍ لِّأُو۟لِى ٱلْأَلْبَٰبِ

---

[1] Muslim.

« ***Il y a dans la création des cieux et de la terre, et dans l'alternance de la nuit et du jour, des signes pour les doués d'intelligence*** »[1] »[2]

ᶜUqbah ibn ᶜÂmir (ﷺ) rapporte que le Messager d'Allah (ﷺ) a dit : « *Prenez garde d'entrer chez les femmes !* » Un homme parmi les *Ansârs* dit : « « Ô Messager d'Allah, même pour le *Hamû*[3] ? » Il dit : « *Le Hamû c'est la mort !* »[4]

Ibn ᶜAbbâs (ﷺ) rapporte que le Messager d'Allah (ﷺ) a dit : « *Qu'aucun d'entre vous ne reste seul avec une femme sans qu'un de ses Mahârims ne soit présent.* »[5]

Buraydah (ﷺ) rapporte que le Prophète (ﷺ) a dit : « *Les femmes des combattants sont interdites à ceux qui restent, comme leur sont interdites leurs mères. Aucun de ceux qui restent ne trompe un combattant dans sa famille sans qu'au Jour de la Résurrection ce dernier prenne autant qu'il le souhaite de ses bonnes actions.* » Ensuite le Messager d'Allah se tourna vers nous et dit : « *Qu'en pensez-vous.* »[6]

---

1 *Âl ᶜImrân*, v.190.

2 Ibn Hibbân, hadith *hasan*.

3 *Al-Hamû* est un terme qui désigne les proches de l'époux (exceptés son père et ses fils), comme l'a expliqué An-Nawawî. [NdT]

4 Al-Bukhârî et Muslim.

5 Al-Bukhârî et Muslim.

6 Muslim.

Le salut des hommes envers les femmes

Nul n'ignore que le salut est permis si l'on ne craint aucune tentation, mais aussi que le salut n'est pas la poignée de mains, car serrer la main d'une étrangère n'est pas permis.

Abû Hurayrah (رضي الله عنه) rapporte que le Messager d'Allah (ﷺ) a dit : « *Les droits du musulman sur le musulman sont au nombre de six.* » Les compagnons dirent : « Quels sont-ils, ô Messager d'Allah ! » Il dit : « *Si tu le rencontres, salue-le, s'il t'invite, réponds à son invitation ; s'il te demande conseil, conseille-le ; s'il éternue et loue Allah, invoque pour lui ; s'il tombe malade, rends-lui visite ; et lorsqu'il meurt, suis son convoi funéraire.* »[1]

Asmâ' bint Zayd (رضي الله عنها) rapporte que le Messager d'Allah (ﷺ) passa un jour dans la mosquée alors qu'un groupe de femmes était assis. Il leva la main vers elles en guise de salut. »[2]

L'imam An-Nawawî (رحمه الله) a dit : « Si les femmes sont en groupe on peut les saluer, par contre si la femme est seule, il n'y a que les femmes, son mari, son maître, ses *Mahârims* qui la saluent, qu'elle soit belle ou non. Quant à l'étranger, s'il s'agit d'une vieille femme qui ne suscite plus de désirs, il est préférable de la saluer et qu'elle salue elle aussi, et si l'un salue, l'autre doit répondre. Mais si c'est une jeune fille ou une femme âgée suscitant encore du désir, l'étranger ne doit pas la saluer et elle ne doit pas le saluer. Et si l'un salue, la réponse n'est pas obligatoire au contraire cela est détestable. C'est l'avis que nous suivons et c'est l'avis de la majorité des savants. »

---

1 Muslim.

2 At-Tirmidhî.

Ar-Rabîcah a dit : « Les hommes ne doivent pas saluer les femmes et les femmes ne doivent pas saluer les hommes, c'est une erreur de le faire. » Les savants de *Kûfâ* disent : « Les hommes ne doivent pas saluer les femmes s'il n'y a pas de *Mahârims* parmi elles. » Et Allah est plus savant.

Abû Hâzim rapporte de Sahl : « Tous les vendredis, nous étions heureux. » Je dis : « Et pourquoi ? » Il me dit : « Il y avait une vieille femme qui se mettait à *Bidhâcah* — une palmeraie de Médine — Elle prenait des blettes qu'elle mettait dans une marmite et qu'elle faisait bouillir avec des grains d'orge. Lorsque nous terminions la prière, nous allions la voir, nous la saluions et elle nous en servait, c'est pour cela que nous étions heureux car nous ne faisions de sieste et ne mangions qu'après la prière du vendredi. »[1]

cÂ'ishah (رضي الله عنها) rapporte que le Messager d'Allah (ﷺ) a dit : « *Ô cÂish*[2]*, Jibrîl te passe le salâm.* » Je dis : « Et que salut et la miséricorde d'Allah soient sur lui. » Il voit ce que nous ne voyons pas. »[3]

L'imam Al-Bukhârî (رحمه الله) a utilisé ce hadith comme preuve de la permission de saluer les femmes comme il est montré dans *Fath Al-Bârî* (11/23).

L'imam An-Nawawî (رحمه الله) a dit : « Ce hadith montre la permission de saluer une femme pieuse si on ne craint aucun méfait, et que celui à qui on passe le *salâm* doit y répondre. »[4]

---

[1] Al-Bukhârî et Muslim.

[2] Diminutif affectueux [NdT]

[3] Al-Bukhârî et Muslim.

[4] *Sharh Muslim* (5/302).

Il n'y a d'obéissance que dans le bien

Parmi les droits de la femme sur l'homme est qu'il ne lui ordonne pas une désobéissance à Allah (ﷻ), et s'il la lui ordonne, elle ne doit pas lui obéir, qu'il soit son père, son mari ou son tuteur.

ᶜAbd Allah ibn ᶜUmar (ﷺ) rapporte que le Prophète (ﷺ) a dit : « *Le musulman doit obéir à ceux qui détiennent l'autorité dans ce qu'il aime et ce qu'il déteste, tant qu'on ne lui ordonne pas une désobéissance à Allah. Et si on lui ordonne une désobéissance, il ne doit pas obéir.* »[1]

ᶜAlî (ﷺ) rapporte que le Messager d'Allah (ﷺ) a dit : « *L'obéissance ne se fait que dans le bien.* »[2]

Qays rapporte qu'il a entendu Saᶜîd ibn Zayd dire : « Si seulement vous auriez pu me voir moi et [mon épouse] la sœur de ᶜUmar, [persécutés et] enchaînés par ᶜUmar avant qu'il n'embrasse l'Islam. Et si une personne s'était effondrée après avoir su ce que vous avez fait à ᶜUthmân, son effondrement aurait été légitime. »

ᶜÂ'ishah (ﷺ) rapporte qu'une femme des *Ansârs* maria sa fille. Quelques temps après ses cheveux commencèrent à tomber. Sa mère se rendit chez le Prophète (ﷺ) et lui dit : « Son mari m'a ordonné de prolonger [artificiellement] ses cheveux. » Il dit : « *Ne le fais pas, car celles qui le font sont maudites.* »[3]

Anas (ﷺ) rapporte : « Le Prophète (ﷺ) a demandé en mariage, pour Julaybîb, une femme des *Ansârs* à son père qui dit : « Il faut que je demande à sa mère. » Le Prophète (ﷺ) dit : « *D'accord.* »

[1] Al-Bukhârî et Muslim.
[2] Al-Bukhârî et Muslim.
[3] Al-Bukhârî.

L'homme se rendit chez son épouse et lui rapporta la nouvelle, et elle dit : « Non par Allah ! Le Messager d'Allah n'a-t-il pas trouvé mieux que Julaybîb alors que nous avons refusée notre fille à untel et untel. » Or la jeune fille était cachée et écoutait. L'homme voulut repartir informer le Prophète (ﷺ) de la décision, mais la jeune fille dit : « Voulez-vous refuser l'ordre du Messager d'Allah ? S'il l'a agréé pour vous alors mariez-le moi. » Et c'est comme si, par son biais, tout était alors devenu très clair aux yeux de ses parents. Ils dirent : « Tu dis vrai. » Le père revint chez le Prophète (ﷺ) et dit : « Si tu l'agrées alors nous l'agréons. » Il dit : « *Je l'agrée pour vous.* » Julaybîb épousa alors la jeune fille. Peu de temps après, les gens de Médine partirent à la rencontre de l'ennemi. Julaybîb enfourcha sa monture et ils le trouvèrent plus tard mort au combat, avec autour de lui tous les polythéistes qu'il avait tués. » Anas dit : J'ai vu (son épouse) et elle comptait parmi les femmes les plus généreuses de Médine. »

[…]

La mixité et ses méfaits

Shaykh ᶜAbd Al-ᶜAzîz ibn Bâz (رحمه الله) a dit : « « L'appel ouvert ou la suggestion aux femmes d'aller travailler dans les mêmes lieux que les hommes, aboutissant ainsi à la mixité, en prétextant que cela fait partie des nécessités de l'époque et de la civilisation, est très dangereux. Cela présente des conséquences dangereuses, des fruits amers et des fins désastreuses. Et cet appel est fait malgré son opposition aux Textes de la Législation qui commandent à la femme de rester dans son foyer afin d'accomplir les devoirs qui lui sont particuliers. Quiconque veut voir les dégâts causés par le mélange des sexes, qu'il considère donc - avec justice et impartialité, recherchant uniquement la vérité - ces sociétés qui ont succombé, par choix ou par force, à ce malheur. Et il ne verra que griefs et regrets tant des gens que de la société, en raison de l'éloignement de la femme de sa maison et de l'éclatement de la famille. Ceci est mentionné, non seulement par beaucoup d'auteurs, mais partout dans les médias, car c'est la destruction de la société et de ses fondations.

Il y a beaucoup de preuves authentiques qui interdisent l'isolement d'un homme avec une étrangère, de la regarder et de tout ce qui mène à ce qu'Allah (تعالى) a interdit. Ils sont sans équivoque sur l'interdiction de la mixité, car cela mène à ce qui n'est pas recommandable. »[1]

Allah (تعالى) dit :

وَقَرْنَ فِي بُيُوتِكُنَّ وَلَا تَبَرَّجْنَ تَبَرُّجَ الْجَاهِلِيَّةِ الْأُولَىٰ وَأَقِمْنَ الصَّلَوٰةَ وَءَاتِينَ الزَّكَوٰةَ
وَأَطِعْنَ اللَّهَ وَرَسُولَهُ إِنَّمَا يُرِيدُ اللَّهُ لِيُذْهِبَ عَنكُمُ الرِّجْسَ أَهْلَ الْبَيْتِ وَيُطَهِّرَكُمْ تَطْهِيرًا

[1] *Al-Hijâb was –Sufûr* p.21.

« ***Restez dans vos foyers et ne vous exhibez pas à la manière des femmes avant l'islam (Jâhiliyah). Accomplissez la prière, acquittez la zakat et obéissez à Allah et Son messager. Allah ne veut que vous débarrasser de toute souillure, ô gens de la maison [du prophète], et vous purifier pleinement.*** »[1]

قُل لِّلْمُؤْمِنِينَ يَغُضُّوا۟ مِنْ أَبْصَٰرِهِمْ وَيَحْفَظُوا۟ فُرُوجَهُمْ ۚ ذَٰلِكَ أَزْكَىٰ لَهُمْ ۗ إِنَّ ٱللَّهَ خَبِيرٌۢ
بِمَا يَصْنَعُونَ ﴿٣٠﴾ وَقُل لِّلْمُؤْمِنَٰتِ يَغْضُضْنَ مِنْ أَبْصَٰرِهِنَّ وَيَحْفَظْنَ فُرُوجَهُنَّ وَلَا
يُبْدِينَ زِينَتَهُنَّ إِلَّا مَا ظَهَرَ مِنْهَا ۖ وَلْيَضْرِبْنَ بِخُمُرِهِنَّ عَلَىٰ جُيُوبِهِنَّ

« ***Dis aux croyants de baisser leurs regards et de préserver leur chasteté. Cela est plus pur pour eux. Allah connaît parfaitement ce qu'ils font. Et dis aux croyantes de baisser leurs regards, de préserver leur chasteté, et de ne montrer de leurs atours que ce qui en paraît et qu'elles rabattent leur voile sur leurs poitrines*** »[2]

Allah (ﷻ) ordonne à Son Prophète (ﷺ) de dire aux croyantes et aux croyants de baisser le regard et de préserver leur sexe de la fornication. Puis Il a montré que cela était plus pur pour eux, et il est connu qu'on ne peut préserver le sexe de la turpitude qu'en s'écartant de ce qui y mène. Il n'y a aucun doute que le regard et le mélange des hommes et des femmes sur les lieux de travail et ailleurs comptent parmi les plus grands moyens menant à la turpitude. Et il est impossible de remplir ces deux ordres en ayant pour collègue ou associée une femme étrangère. Il est clair que leur rencontre sur le lieu de travail ne permet pas de baisser le regard, de préserver son sexe et d'atteindre la purification de l'âme.[3]

---

1 *Al-Ahzâb*, v.33.
2 *An-Nûr*, v.30-31.
3 *Al-Hijâb was-Sufûr* p.24.

cUqbah ibn cÂmir (رضي الله عنه) rapporte que le Messager d'Allah (ﷺ) a dit : « *Prenez garde d'entrer chez les femmes !* » Un homme parmi les *Ansârs* dit : « « Ô Messager d'Allah, même pour le *Hamû* ? » Il dit : « *Le Hamû c'est la mort !* »[1]

Ibn cAbbâs (رضي الله عنه) rapporte que le Messager d'Allah (ﷺ) a dit : « *Qu'aucun homme ne reste seul avec une femme sans qu'un de ses Mahârims ne soit présent.* » Un homme se leva et dit : « Ô messager d'Allah, mon épouse est partie accomplir le pèlerinage et moi je me suis enrôlé pour participer à telle bataille. » Il lui dit : « *Retourne et accomplis le pèlerinage avec ton épouse.* »[2]

cAbd Allah ibn cAmr ibn Al-cÂs (رضي الله عنه) rapporte qu'un groupe de gens de la tribu des Banî Hâshim sont entrés chez Asmâ' bint cUmays. Abû Bakr (رضي الله عنه) entra par la suite – et elle était son épouse à cette époque – il les vit et cela lui déplut. Il en informa le Prophète (ﷺ) qui dit : « *Je ne vois rien de mal. Allah l'a innocentée de cela.* » Puis le Messager d'Allah (ﷺ) monta sur la chaire et dit : « *A partir d'aujourd'hui qu'aucun homme n'entre chez une femme seule sans un autre homme ou deux.* »[3]

Umm Salamah (رضي الله عنها) rapporte que le Prophète (ﷺ) était chez elle - alors qu'il avait chez elle un homme efféminé [*Mukhannath*]. Cet homme dit au frère d'Umm Salamah - cAbd Allah ibn Abî Umayyah : « Si Allah vous accorde la libération de Tâ'if demain, je t'indiquerais une fille qui a quatre plis au ventre de face et huit de dos[4]. » Le Prophète (ﷺ) dit : « *Que ce genre d'individu n'entre pas chez vous.* »[5]

---

[1] Al-Bukhârî et Muslim.
[2] Al-Bukhârî et Muslim.
[3] Muslim.
[4] L'embonpoint était une qualité physique recherchée jadis chez la femme car elle était un signe de fécondité [NdT]
[5] Al-Bukhârî et Muslim.

Usâmah ibn Zayd (ﷺ) rapporte que le Messager d'Allah (ﷺ) a dit : « *Je n'ai pas laissé après moi de tentation plus grande pour les hommes que les femmes.* »

Abû Sa^cîd Al-Khudhrî (ﷺ) rapporte que le Prophète (ﷺ) a dit : « *Ce bas monde est une douceur qu'Allah vous a confié et Il regarde ce que vous en faites. Alors prenez garde à ce bas monde et prenez garde aux femmes, car la première tentation des Fils d'Israël était les femmes.* »[1]

Faire sortir la femme de son foyer qui est son royaume et son épanouissement dans cette vie, c'est la faire sortir de la nature saine selon laquelle Allah (ﷻ) l'a créée. L'appel à la participation des femmes dans les tâches réservées aux hommes est très grave pour la société musulmane. Et un de ses plus grands signes est la mixité qui est un des plus grands moyens amenant à la fornication qui disloque la société et détruit ses valeurs et son éthique.

Il est connu qu'Allah a conçu la femme complètement différente de l'homme. Il l'a créée pour s'occuper des tâches à l'intérieur de son foyer et ceux de ses sœurs. Ce qui signifie que si la femme envahit les lieux de travail spécifiques aux hommes, elle sort de la nature selon laquelle elle a été créée. Cela est une grande injustice commise envers la femme et une destruction de sa personnalité. Et cela a des répercussions sur les enfants à notre époque, fille ou garçon, car ils perdent cette éducation, affection et douceur, car celle qui s'en charge (en premier) est la mère dont on les a séparés. Elle a complètement quitté son royaume qui est le seul endroit où elle peut trouver le repos et la tranquillité. Et l'état des sociétés qui se sont embourbées dans ces problèmes est la preuve la plus véridique de ce que nous disons.

---

[1] Muslim.

Nous avons rapporté des preuves religieuses, mais également des exemples concrets qui montrent l'interdiction de la mixité et l'association de la femme aux hommes sur le lieu de travail, de manière suffisante pour celui qui recherche la vérité. Mais, puisque chez certaines personnes les propos des occidentaux et orientaux ont plus d'impact que la parole d'Allah (ﷻ) et des savants musulmans, nous avons jugé opportun de citer parmi leurs propos l'aveu de occidentaux concernant les maux causés par la mixité. Ceci [afin que les musulmans] soient convaincus et qu'ils sachent que ce qui est légiféré dans leur noble religion n'est que honneur et préservation pour les femmes contre tout ce qui peut leur causer du tort et bafouer leur honneur.

L'essayiste anglaise Lady Cook a dit : « Les hommes aiment (ou préfèrent) la mixité. Les femmes sont alors à leur tour attirées par une situation qui est contre-nature. Plus la mixité sera répandue, plus les enfants adultérins seront nombreux, et c'est là une chose très grave pour la femme. [...] Enseignez-leur de s'éloigner des hommes et informez-les des conséquences désastreuses cachées dans ce piège. »

[L'auteur] anglais Samuel Smiles a dit : « Le système visant à faire travailler la femme [en dehors de chez elle] quel qu'en soit le tumulte déclenché dans le pays conduit à détruire les fondations de la vie familiale. Il s'attaque à la structure même du foyer, démolit les piliers de la famille, déchire les liens sociaux, et sépare la femme de son mari et les enfants de leurs proches. Et plus spécifiquement encore, il conduit inexorablement à avilir le comportement de la femme, car la vraie fonction de la femme est d'accomplir ses obligations familiales : s'occuper de son foyer, élever ses enfants, gérer ce dont elle a besoin et répondre aux besoins de la maison. Le travail [à l'extérieur de son foyer] vient arracher la femme à toutes ces obligations, si bien que la maison est chamboulée, les enfants grandissent sans éducation et sont délaissés, l'amour conjugal s'éteint. La femme n'est plus l'épouse charmante, complice et aimante de l'homme, mais son collègue dans le travail et la difficulté. Elle s'expose ainsi aux tumultes qui, généralement, font disparaître l'humilité intellectuelle et comportementale autour de laquelle gravite la préservation de la noblesse. »

Et il serait trop long de rapporter ici les propos de tous les occidentaux intègres concernant les maux de la mixité qui n'est qu'une conséquence de la participation de la femme au travail sur les mêmes lieux que les hommes. Et un exemple parlant vaut mieux qu'un long rappel.[1]

[1] Résumé de *Al-Hijâb wa-s-Sufûr* p.21.

La douceur du Prophète (ﷺ) avec les femmes

Mu<u>h</u>ammad ibn Sacd rapporte de son père : « cUmar ibn Al-Kha<u>tt</u>âb (ﷺ) demanda l'autorisation d'entrer chez le Messager d'Allah (ﷺ) alors que des femmes de *Quraysh* se trouvaient auprès de lui et multipliaient leurs questions, haussant la voix au-dessus de celle du Prophète (ﷺ). Lorsque cUmar demanda l'autorisation d'entrer, elles se précipitèrent derrière un rideau. Le Prophète (ﷺ) lui donna l'autorisation et lorsqu'il entra le Prophète (ﷺ) riait, il lui dit : « Qu'Allah t'accorde le sourire ô Messager d'Allah, que mon père et ma mère soient sacrifiés pour toi, pourquoi ris-tu ? » Il dit : « *Je ris d'étonnement devant ces femmes qui étaient près de moi et qui, lorsqu'elles ont entendu ta voix, se sont précipitées derrière le rideau.* » Il dit : « Tu es plus en droit qu'elles t'accordent de la considération ô Messager d'Allah. » Puis il se tourna vers elles et dit : « Ô vous qui êtes ennemies de vos propres personnes, m'accordez-vous de la considération tandis que vous n'en accordez pas au Prophète (ﷺ) ? » Elles dirent : « Tu es plus dur et plus rustre que le Messager d'Allah. » Le Messager d'Allah (ﷺ) dit : « *Cela suffit ô Ibn Al-Kha<u>tt</u>âb, par Celui qui détient mon âme dans Sa Main, le diable ne te voit pas sur le côté d'un chemin sans en changer.* »[1]

Anas (ﷺ) rapporte qu'une femme qui n'avait pas toute sa raison dit : « Ô Messager d'Allah, je voudrais te demander quelque chose. » Il dit : « *Ô unetelle, dis-moi où veux-tu que nous allions pour que je te réponde ?* » Il la prit alors en aparté et répondit à sa question. »[2]

---

1 Al-Bukhârî et Muslim.

2 Muslim. Ce hadith montre que le Prophète (ﷺ) a été doux envers cette femme que l'on qualifierait aujourd'hui de déficiente mentale. Il ne l'a pas repoussée

Anas (ﷺ) rapporte que le Messager d'Allah (ﷺ) était en voyage et qu'il avait avec lui un jeune servant nommé Anjashah qui chantonnait pour accélérer l'allure des chameaux. Le Prophète (ﷺ) lui dit alors : « *Attention ! Sois doux avec les pièces de cristal (les femmes).* »[1]

Abû Hurayrah (ﷺ) rapporte que le Prophète (ﷺ) a dit : » *Que celui qui croit en Allah et au Jour dernier ne cause aucun tort à son voisin. Ayez un bon comportement avec les femmes, car elles ont été créées d'une côte [d'Adam], et le haut de la côte est le plus courbé. Si tu veux la redresser tu la brises, et si tu la laisses ainsi, elle ne cesse d'être courbée, alors ayez un bon comportement avec les femmes.* »[2]

Pour conclure :

Par Allah, toi qui lis ce livre et profite de ses enseignements
Demande à Allah qu'Il accorde le succès à son auteur
Et dis : Ô Seigneur du Trône, accorde-lui le pardon
Accepte ses invocations et éloigne de lui ce qui empêche leur exaucement

Je demande à Allah l'Immense par Ses attributs de Générosité et de Munificence qu'il fasse que mon travail Lui soit dédié en toute sincérité, et qu'Il en fasse profiter l'islam et les musulmans. Et notre dernière invocation est : louange à Allah Seigneur de l'univers.

Écrit par Umm Salamah Bint 'Alî Al-ᶜAbbâsî
Le 5 du mois de *Jumâdah At-Thânî* de l'an 1418 de l'hégire.

---

violemment mais l'a écoutée et lui a fait plaisir en répondant à sa question. [NdT]

1 Muslim.

2 Al-Bukhârî et Muslim.

Sommaire